赤ちゃんの虐待えん罪

編著

秋田真志
古川原明子
笹倉香奈

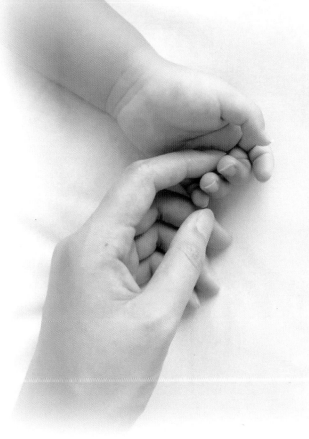

現代人文社

SBS自動診断による〈えん罪〉の撲滅を期待

青木信彦 あおき・のぶひこ
ベトレヘムの園病院院長・東京都立多摩総合医療センター名誉院長

揺さぶられっ子症候群（shaken baby syndrome 以下、「SBS」といいます）は1960〜1970年代に米国で提唱された「硬膜下血腫（SDH）＋眼底出血（RH）＝SBS」という自動的な診断に基づくものです。

しかし、米国のSBS研究の第一人者Mark Dias教授が2012年、東京で開催された「小児虐待による頭部外傷に関するシンポジウム」の結論として「SDH+RH=SBS is no longer adequate（「SDH+RH=SBS」というのは、もはや適切な診断ではない）」とまとめられたように、欧米ではこのような自動診断への反省の機運が高まっています。

一方、欧米の「SDH+RH=SBS」という当時の仮説を日本の小児科医師が引用し、厚労省の虐待の手引きとして導入されたわが国では、現在でも「SDH+RH ＝SBS」という図式が一般的となっています。すでに日本小児科学会でも「SDH+RH=SBS」を否定する見解を公式に表明していますが、残念ながら現場の医師には届いていません。

児童虐待については"疑わしきは罰する"というオーバートリアージにより、誤って虐待の加害者と判定される事案が急増しました。その対象となった両親・家族の心的外傷はきわめて大きなものがあり、少なくともその家族にとっては生涯にわたり負の遺産となっています。

現在でも華々しくマスメディアで報道される虐待防止キャンペーンによる成果の裏には、一般社会で注目されることのない多数のえん罪被害者が苦しんでいることを知る人は少ないのが現実です。

本書の著者たちが「SDH+RH=SBS」という自動診断に基づく、親子分離や訴追が行われてきた現状へ反撃の一石を投じたいとの考えから2017年にスタートしたのがSBS検証プロジェクトです。

このSBS検証プロジェクトの発足により、はじめて日本でも本格的なSBSについての議論が始まったのです。本書は各メンバーが、これまでのえん罪事例を踏まえて、研究結果をまとめたものです。

実際の裁判の臨場感も伝わる本書の内容は、SBS事案に関心のある方々にとっては十分に読み応えがあり参考になります。今後、さらに本書がSBS自動診断によるえん罪の撲滅に役立つことを願います。

「警察に娘を揺さぶっただろう、と疑われています。児童相談所にも『お母さんのいうことは信じられませんね』と言われました。でも、私は絶対に娘を揺さぶったりなどしていません」

　2015年に編者の秋田真志が初めてSBSの相談を受けたときのお母さんの説明です。お母さんが生後数か月の赤ちゃんを虐待した疑いがあるとして、赤ちゃんだけでなく、2歳のお兄ちゃんまで一時保護され、親子分離の状態でした。警察では、事情聴取をされるだけでなく、ポリグラフにまでかけられたと言います。

　児童相談所や警察の判断の根拠は、医師の意見でした。当時、多くの医師が、SBS/AHT仮説に基づき、三徴候があれば暴力的な揺さぶりがあったと推定できると信じていました。低位落下では三徴候は生じない、低位落下や転倒のせいにする保護者の供述は信用できない、という指摘もなされていました。まず何より「虐待を疑え」という議論、つまり「虐待ありき」の議論が当然のように語られ、親子分離や警察捜査の基本になっていたのです。

　しかし、秋田には、そのお母さんがウソを言っているようにはどうしても見えませんでした。そもそも、「揺さぶり」と言っても、なぜ揺さぶりと言えるのか、どの程度の揺さぶりなのか、なぜ低位落下では三徴候が生じないと言えるのか、よく判りません。むしろ、日本では、つかまり立ちからの転倒などでも、重症の頭部外傷が生じる例が多く紹介されており、「中村I型」と呼ばれていました。

*

　同様の事例が大阪を中心に多数存在することが、その後明らかになりました。そこで、私たちは「SBS検証プロジェクト」を設立し、

SBS仮説や仮説に基づいて起訴された事例を検証する活動を始めました。海外におけるSBS/AHT仮説をめぐる論争の詳細も明らかになりました。そして、日本の議論は、主にアメリカで発展したSBS虐待論をそのまま輸入したものであることを知りました。しかし、海外では、その仮説には強い批判があったのです。科学的根拠の不足、循環論法、論理の誤り、思い込みなど様々な問題点が指摘されていました。そして、SBS/AHT仮説で訴追された多くの人が、雪冤（えん罪が晴らされること）されつつありました。残念ながら、日本では、そのような議論はほとんど紹介されないまま、逆にSBS/AHT仮説に基づく親子分離・訴追が推進されていたのです。

＊

SBS検証プロジェクトの問題提起や相次ぐ無罪判決などもあり、日本でも、SBS/AHT仮説についての問題意識が相当程度共有されるようになってきたようです。しかし、いまだ問題が解決したとは思えません。なお、SBS/AHT仮説そのものを擁護する意見も根強いものがあります。また、SBS/AHT仮説を修正した議論が新たに提唱され、その議論に基づく親子分離や訴追も続いています。

確かに、長年にわたって医学界や訴追、児童保護の現場で通説とされてきたSBS/AHT仮説の議論を単純に全否定することはできないでしょう。また、当然のことながら虐待防止も非常に重要です。他方で、このブックレットで紹介されるように、誤った虐待認定による親子分離や訴追の影響は深刻です。そして、SBS/AHT仮説の根底にある科学的根拠の不足や循環論法といった問題点が十分に検証されてきたかというと、大いに疑問です。様々な修正論もその科学的根拠が十分だとは思えません。さらに、乳幼児の頭蓋内に三徴候があると、すぐに

揺さぶりなどの「外力」が原因だと思われがちですが、多くの内因（病気や素因など）の関与が指摘されるようになってきています。しかし、その研究も不十分です。循環論法の問題点も残されたままです。その意味では、SBS/AHT仮説は、一度科学の基本に立ち戻り、ゼロ・ベースで見直される必要があります。

*

このブックレットでは、以上のような問題意識を前提に、SBS/AHT仮説による誤った親子分離や訴追の実際を明らかにするとともに、その根底にある問題点を明らかにしていきます。そして、これからの実務において、誤った親子分離や訴追を少しでも防ぐために何が大切かを考えていきたいと思います。

なお、SBS/AHTの対象となるのは2歳以下の乳幼児がほとんどですが、本ブックレットでは、基本的に「子ども」としています。

また、SBS/AHTえん罪に巻き込まれるのは、子どもの親や祖父母などの親族、そのパートナー、その他の養育に関わる人など様々です。本ブックレットでは、これらの人々をまとめて「養育者」としています。ただし、児童福祉法の規定に関する箇所では、「親権者」としている場合があります。

2023年3月　編者一同

Q **1** SBS/AHTえん罪という言葉をはじめて聞くのですが、どういうことでしょうか?

A1　　SBS(エスビーエス)とは、Shaken Baby Syndrome(シェイクン・ベイビー・シンドローム)の略称です。「揺さぶられっこ(子)症候群」や「乳幼児揺さぶられ症候群」という名称でも知られています。その名が示すように、前後に激しく揺さぶられた子どもに生じると考えられている症状を指します。具体的には、硬膜下血腫(または、くも膜下出血)・網膜出血・脳浮腫の三つが主に挙げられます。これらはまとめて、三徴候(三兆候)と呼ばれます。

　この三徴候により虐待判断ができるとする見解が、SBS理論です。子どもが「激しく揺さぶられると三徴候が生じる」のだから、逆に考えれば、「三徴候が生じている子どもは暴力的に揺さぶられた、つまり虐待されたと判断できる」というわけです。

　しかし、この考え方には問題があります。まず、「激しく揺さぶられると三徴候が生じる」という点を見てみましょう。子どもを揺さぶると、本当にそのような症状が起きるのでしょうか。録画などによって揺さぶりがあったと客観的に確認された上で、三徴候が生じたという事例はありません (▶Q12)。また、実際に子どもを揺さぶって、何が起きるかを調べるといった人体実験をできるはずもありません。ここで皆さんの中には、「子どもを揺さぶった」と自白したケースがあるはずだと思う方がいるかもしれません。しかし、自白は科学的・客観的なエビデンスではありません。「子どもを揺さぶった」と養育者が述べたとしても、本当に揺さぶったとは限らないのです。また、具合が急に悪くなった子どもを心配して体を揺らしたことが「揺さぶった」という自白だと捜査機関に捉えられることもあります (▶Q10、

Q12）。さらに、そのような行為があったとしても、それが原因で三徴候が生じたとも限らないのです。以上のことから、「激しく揺さぶられると三徴候が生じる」と決めつけることが、まず誤りだといえます。

　他方、「三徴候が生じている子どもは暴力的に揺さぶられた、つまり虐待されたと判断できる」といえないことも明らかです。低い位置から落ちたり転んだりといった事故によっても三徴候が生じることが分かっています。たとえば、つかまり立ちから転ぶ、ソファから落ちるといった場合があります **（▶パート2「永岡事件」「菅家事件」）**。実は日本では、このようなケースがあることがすでに1960年代から報告されていました。のちに中村Ⅰ型急性硬膜下血腫（中村Ⅰ型）と呼ばれるようになった症例で、子どもが後方に転倒して畳で後頭部を打つなど、家庭内での軽い事故により急性硬膜下血腫や網膜出血が生じたものがあったのです。中村Ⅰ型は、「低い位置からの転倒で急性硬膜下血腫等は生じないのではないか」と、SBS仮説の支持者達に激しく批判されてきました。しかし、脳神経外科医の間では昔から同様の症例があることが認識されており、近年改めて再評価の動きが高まっています **（▶Q13）**。

　さらに、三徴候は、病気によっても生じる可能性があります。これまでに裁判で明らかになったものとして、低酸素脳症や静脈洞血栓症などがあります **（▶パート2「山内事件」）**。

　したがって、三徴候があったからといって、その症状が虐待によるものだと判断することはできません。事故や病気などによって生じた場合と、虐待によって生じた場合を、診断によって適切に分けることはできないのです。このようにSBS理論が医学的に確立したものではないならば、これは理論ではなく仮説と呼ぶ方が適切でしょう。すでに欧米では、1990年代ころからSBS仮説に対する批判が高まり、これに基づいて虐待と判断されたケースの見直しが進みました。ところが日本では、SBS仮説が医療現場や福祉現場で広く信じられてい

ます。日本でのSBS仮説の普及において大きな役割を果たしてきたのは、厚生労働省の『子ども虐待対応の手引き』のSBSに関する記載でした（▶Q3）。

なお、最近はSBSに代わって、頭部への激しい暴行を幅広く含むAHT（Abusive Head Trauma：虐待性頭部外傷）という言葉もよく使われるようになりました。AHTが認められた場合には、その子どもは何らかの虐待を頭部に受けたと診断されることになります。しかし、AHT仮説も医学的に確立したものではなく、SBS仮説と同じ問題を有しています（▶Q5、Q12）。

SBS/AHTえん罪とは、このSBS/AHT仮説に基づいて、虐待をしていないのに誤って虐待したと判断されてしまうことをいいます。たとえば、子どもが急に具合が悪くなると、養育者は驚いて救急車を呼んだり、病院へ連れて行ったりします。そこで三徴候が見つかると、どうなるでしょうか（▶Q6、7）。たとえ三徴候以外に全く外傷がなくても、そして虐待をしたと通報や通告をされたことがこれまでに一度もなくても、病院側は養育者を虐待者だと決めつけます。どれほど「つかまり立ちから転んだ」とか「急に具合が悪くなった」と説明しても、全く信じてもらえません。それどころか、虐待を隠そうとしてウソを付いているのだと、ますます疑いの目を向けてきます。幼い我が子が突然に意識不明になったり呼吸が止まったりしてパニックになっているところに、虐待をしたという疑いをかけられてしまうのです（▶Q7以降）。これがSBS/AHTえん罪の怖さです。

（古川原明子／こがわら・あきこ／龍谷大学教授）

Q2 SBS/AHTはどこが発祥なのでしょうか？

A2　SBSは、1970年代のイギリスやアメリカで「仮説」として提唱されました。

　1971年にイギリスの小児神経外科医のガスケルチ医師が、外見上は頭部に傷のない子どもに硬膜下血腫がある症例について、行為者とされた養育者の自白を根拠として、揺さぶりが原因となった可能性があるのではないか、という仮説を発表しました。

　ガスケルチ医師の仮説を受けて、アメリカの小児放射線科医のカフィ医師も1972年・74年の論稿で「むち打ち揺さぶられ乳幼児症候群」という概念を提唱し、乳幼児の揺さぶりで硬膜下血腫と網膜出血が生じるのではないか、との仮説を唱えたのです。

　しかし、その後、80年代から90年代にかけて、「揺さぶることで硬膜下血腫や網膜出血が生じる可能性がある」という仮説は、「硬膜下血腫と網膜出血（・脳浮腫）があれば、揺さぶられたと推定できる」という考え方に形を変えていきました。

　でも、一定の症状から、その原因を推定することは本当にできるのでしょうか。

　風邪になれば発熱症状が出ます。でも、発熱があるときに、その原因は風邪とは限りません。発熱には他の様々な原因（たとえば、新型コロナウィルス感染症やインフルエンザ、その他の病気）もありえるからです。特定の「症状」から原因を確定的に診断することはできないはずなのです。

　だから、「揺さぶれば、三徴候が生じる可能性がある」としても、「三徴候があるから、揺さぶりだ」とはいえないはずです。症状が生じる原因は、他にもありうるからです。実際、SBS仮説に対しては、そのような観点からすでに1990年代ころから、本格的な批判が向けられてきました。批判のひとつが、他の原因でもSBSと同じ症状が起こりうるという指摘です。低い位置からの落下や、内因性の病気（低酸素脳症、静脈洞血栓症、外水頭症等）など、硬膜下出血や網膜出血等を引き起こす様々な他の原因があると指摘されたのです。三徴候には揺さぶり以外にも様々な原因がありうるのに、それを除外せずに「暴力的な揺さぶり」であると診断されているのではないか、という指摘

です。

　このように、SBS仮説は、根本的な論理的誤謬を抱えている考え方なのです。一定の症状があれば虐待であると判断する手法は「虐待決めつけ」につながります。他の原因を十分に除外せずに虐待認定をしてしまう例が多発することになったのは、必然的なことだったといえるでしょう。

　しかし、このような根本的な問題にもかかわらず、SBS仮説は欧米諸国の医学界における「定説」となりました。同時に、この理論に基づき医師による診断をうけて、虐待をしたと認定される事件が増加したのです。

（笹倉香奈／ささくら・かな／甲南大学教授）

Q3 なぜ、SBS/AHTえん罪は起きるのですか？

　A3　日本に欧米からSBS/AHT仮説が「輸入」されたのは、1990年代初頭のことでした。はじめて仮説を紹介した脳外科医には、子どもを粗雑に扱うことによってどのような身体の異変が起こるかなど、日常の育児に潜む危険について啓発し、子どもを揺さぶらないように警告するという意図があったようです。

　しかし、その後、1990年代から2000年代にかけて、日本社会の中で児童虐待の問題への認識が高まり、虐待問題を扱う小児科医らが虐待防止に向けた活動を熱心に行うようになりました。このような社会情勢の変化にともない、SBS/AHT仮説は虐待判断や診断に用いられて社会や医学界に浸透していくことになります。この仮説にもとづいて、刑事事件の逮捕や起訴が急増したのは2000年代の終わりころでした。

　児童相談所などの専門機関が虐待事件に適切に対応するため、支援のあり方などを示した『子ども虐待対応の手引き』（以下、「手引き」といいます）を厚生労働省がはじめて通知したのは1999（平成11）年3月

でした。児童相談所などの虐待対応の現場で使われている指導的で重要な文書です。虐待対応にあたっている個々の児童相談所の担当者は、SBS/AHTについて専門的な知識を持たないのが通常ですから、「手引き」に従って、対応を進めて行くことになります。その後、「手引き」は法律改正などに伴って何度か改正され、2013年（平成25）年8月に改正されたバージョンが最新のものとなっています。

「手引き」の最新版には、以下のような記述があります。

「SBSの診断には、①硬膜下血腫またはくも膜下出血 ②眼底出血 ③脳浮腫などの脳実質損傷の3主徴が上げられ〔る〕……出血傾向のある疾患や一部の代謝性疾患や明らかな交通事故を除き、90cm以下からの転落や転倒で硬膜下出血が起きることは殆どないと言われている。したがって、家庭内の転倒・転落を主訴にしたり、受傷機転不明で硬膜下血腫を負った乳幼児が受診した場合は、必ずSBSを第一に考えなければならない。また、広範で多層性の眼底出血はSBS以外では起きることは殆どなく、出血傾向が否定されたら、SBSと診断する根拠となる」（265頁、下線は引用者。以下同じ）。「出血傾向がない乳幼児の硬膜下血腫は3メートル以上からの転落や交通外傷でなければ起きることは非常に希である。したがって、そのような既往がなければ、まず虐待を考える必要がある。特に……乳幼児揺さぶられ症候群を意識して精査する必要がある」（314頁）。

さらに「手引き」には、親の説明を詳細に聴いていくと、時間の経過や状況の説明など、受傷機転の説明が変わることがあること、そのような場合に虐待を示唆する参考所見として「①家族それぞれの説明が異なる ②身体能力などの発達レベルと合わないことを述べる ③説明がころころ変わり途中で変化する ④きょうだいのせいにする ⑤傷の態様が受傷機転の説明では起きる可能性が少ない ⑥医師の説明や内容の重篤さに無関心な態度をとる」ことなどが指摘されています。

このような「手引き」の記述には、以下のような問題があります。

第一に、「手引き」は明らかに、三徴候によってSBSの診断が行われると指摘しており、医学的に十分なエビデンスのない三徴候説を前提にしています。そして、三徴候がある場合には、まず虐待を疑わなければならないとされています。これでは、「出血傾向のある疾患や一部の代謝性疾患や明らかな交通事故か3メートル以上からの転落」でもない限り、虐待とされてしまうでしょう。児童相談所に通告されるのは、高位落下や交通事故以外の事例です。また「出血傾向のある疾患や一部の代謝性疾患」というのは、極めて限られます。三徴候があるだけで、ほぼすべての事例が「虐待」となりかねません。

　これに対して、養育者が、家庭内の転倒・転落が起こったと説明しても、信じてもらえません。かえってウソの説明をしているとして、虐待を疑われることになりかねないのです。

　第二に、90センチ以下の転倒や転落で硬膜下血腫が起きることがまれであると指摘していますが（ただし、別の箇所には90センチではなく「3メートル」という別の数字があり、この違いをどう考えるべきかよく分かりません）、低位からの転倒や転落で硬膜下血腫（いわゆる中村Ｉ型急性硬膜下血腫）が起きることについては、すでに多くの文献で指摘されています（▶Q1、Q12）。同じく、「広範で多層性の眼底出血」についてもSBS以外ではほとんどおきないと記載されていますが、この点も誤りです。

　第三に、三徴候は、身体の中の病気などで生じることもあります。たとえば、静脈洞血栓症などの病気や、水頭症やクモ膜嚢胞の破綻、突然の心肺停止等による低酸素脳症などです。これらについて、「手引き」には十分な記載がありません。そもそも、日本国内の医学界では、低位落下や転倒といった軽微な外力のほか、身体の中の病気などで三徴候が生じることはあまり知られていないのです。

　結局のところ、「手引き」の記載は、SBS仮説を前提に書かれているのです。そして、仮説から見て虐待であると判断されてしまえば、養育者がどのような説明をしても「ウソをついている」とされるので

す。

　実は、「手引き」改正の際の「原案」では、全く異なる記述がなされていました。2012年10月の改正作業当時の原案には「必ずSBSを第一に」といった記載はなく、「家庭内の軽い転倒によっても急性硬膜下出血が起こると考えられ、硬膜下出血だけで必ずしもSBSとは断定できない。……幼児については、1歳前後から歩行が始まるなど、運動能力の向上とともに家庭内での事故が起きる頻度も増すところから、虐待と事故による受傷との鑑別がより難しくなる。いずれにしても疾患か、事故か虐待によるものかの見極めが必要」という記述がありました。この記述は、内因性の除外については不十分な側面があるものの、軽微な外力でも三徴候が生じうることを的確に指摘しています。この原案を作成したのは、児童相談所の職員でした。当時の現場での感覚が反映されていた可能性が高いと思われます。「事故か虐待によるものかの見極めが必要」という原案がなぜ変更されたのかは不明ですが、少なくとも、そのような変更をするだけの十分な根拠は示されていません。

　2018年以降には、SBS仮説に基づく医学的な判断に依拠したSBS/AHT事件において、相次いで無罪判決が言い渡されました（▶Q4）。すでに、SBS/AHT仮説は見直しを迫られているのです。厚労省の公式なガイドラインである「手引き」も、このような状況に鑑み、早急に見直されるべきです。

（笹倉香奈）

4 SBS/AHTが疑われた事件で、無罪判決を言い渡されたものはありますか？

　A4　はい。2010年以降、日本ではSBS/AHT事件について無罪判決が言い渡される事件が相次いでいます。

刑事裁判の有罪率（起訴される事件のうち、有罪判決が言い渡される事件の割合）は、99.8％です。1000件に1〜2件しか無罪判決を言い渡される事件がないなか、2018年以降にSBS/AHT事件で無罪判決が確定した事件は、9件もあります（2023年3月現在）。日本の刑事裁判の歴史のなかでも、異例の事態といえるでしょう。

　これらの事件では、そもそも起訴された事件が犯罪ではなかった（子どもの死亡や傷害は、虐待によってもたらされたものではなく、他の原因によるものであった）という判断が、裁判所によってなされています。子どもの頭蓋内出血などの症状の原因が、養育者による揺さぶりなどの頭部への暴行ではなく、子どもが低位から誤って落下したことや、静脈洞血栓症・誤嚥等によって低酸素脳症を来すなど、他の原因によるものであった可能性が指摘されているのです。

　このように、事件性を否定して、無罪が言い渡される事件が増えたことの背景には、SBS/AHTの問題を組織的に研究し、事件の弁護活動を行うというSBS検証プロジェクトなどの活動が2017年から開始されたことがあるといわれています。同時期に、中村Ⅰ型 (▶Q1、**Q12**) を再度評価すべきであること、安易な虐待診断をすべきでないことを脳神経外科医らが強く主張しはじめたという流れもあります。

　最近の無罪判決は、SBS/AHT仮説やそれに依拠した医師の見解、そしてSBS/AHT事件の立証の在り方の根本的な問題点について鋭い指摘を行っています。これまでSBS/AHT事件の捜査・訴追に協力してきた医師らの意見について、そもそもCT画像の読影など基礎的な部分に誤りがあったこと、そして、この種の事件において、特定の症状が存在することで虐待行為があったということが前提とされてしまい、症状の他の原因が見落とされてしまっていたことなどが指摘されています。

　たとえば、大阪高裁の2019（令和元）年10月25日の判決は、生後2か月の孫（女児）を急変時に預かっていた祖母が、女児を揺さぶって死亡させたとして起訴され、一審で懲役5年6月を言い渡されたとい

う事件です。控訴審では、弁護人が女児の急変が静脈洞血栓症という病気によってもたらされた可能性があることを脳神経外科医の意見をもとに指摘し、その結果、控訴審（二審）では一審判決が破棄されて無罪判決が言い渡されました。

控訴審は、判決の中で、一審および控訴審で検察側に立って意見を述べた小児科医の意見につき、「医学文献の記載と整合せず、CT画像の読影について、正確な専門的知見を有しているのか、……疑問を禁じ得ない」「断定的な言いぶりに照らしても、自己の拠って立つ見解を当然視し、一面的な見方をしているのではないかを慎重に検討する必要がある」などと厳しく批判しました。また、SBS仮説についても、「SBS理論を単純に適用すると、極めて機械的、画一的な事実認定を招き、結論として、事実を誤認するおそれを生じさせかねない」として、三徴候による立証や事実認定の問題点を指摘しています（▶パート2「山内事件」）。

同じく大阪高裁の2020（令和2）年2月6日の判決も、専門家たる医師の見解が重要な証拠資料となる場合には、「特に、有罪の推認を妨げる事情について、これを否定する医師の見解に対し、否定の根拠に疑問が残らないかよく吟味する必要があり、推認を妨げる事情を指摘する別の医師の見解が対立する場合は尚更である」と指摘したうえで、「審理、判断においては、合理的な疑いを容れない立証が必要であるという基本に立ち返り、上記のとおり医師の見解に対する厳密な審査が求められる」として、医師の見解に対する吟味の必要性を強調しました（▶パート2「河村事件」）。

これらの無罪判決は、SBS/AHT仮説に内在する、えん罪を生む危険性を適切に認識しているといえるでしょう。無罪判決が指摘したことを真摯に受け止めて、えん罪を生んできた従来の捜査や訴追の構造を改革すべきです。本来は、これらの無罪判決を受けて、過去に有罪判決を言い渡されたすべての事件を再検証し、裁判のやり直しを行うなどの対応がなされるべきではないでしょうか。

（笹倉香奈）

Q5 SBS/AHTをめぐる最近の議論状況はどうなっていますか？

A5 国際的にも、SBS/AHT仮説に対して強い批判があります。なかでも大きなインパクトがあったのは、スウェーデン社会保険庁のもとにある医療技術評価協議会（SBU）が2016年に公表した報告書です（以下、「SBU報告書」といいます）。

SBU報告書はSBSに関連してそれまでに世界で公表された3773の論文を分析し、三徴候にもとづいて激しい揺さぶりを診断するという方法に科学的根拠があるか否かを検証しました。そして、これまで執筆されたSBS診断に関する論文には、十分な科学的エビデンスのあるものはなかったと結論づけたのです（▶**「SBU報告書」の翻訳は巻末の「参考資料一覧」**）。

当然、SBS/AHT仮説を推進してきた論者たちからは、SBU報告書への激しい批判が巻き起こりました。そして、2018年には小児科を中心とする各国の学会が共同で「乳児と子どもの虐待による頭部外傷に関する共同声明（Consensus Statement on Abusive Head Trauma in Infants and Young Children）」（以下、「AHT共同声明」といいます）を公表しました。AHT共同声明は米国を中心とした虐待を専門とする小児科医らが執筆し、米国小児放射線学会、米国小児科学会などが共同で公表したものです。日本小児科学会もこれに参加しています。

AHT共同声明は「AHTは科学的に争いのない医学的診断である。それは全世界で広く認められており、それに基づく診断が行われている。AHTの診断がなされると、事故や疾病によって乳幼児の損傷の原因が説明できないということを意味する」としてAHT診断の「正しさ」を強調し、「低酸素性虚血性脳損傷、脳静脈洞血栓症、腰椎穿刺、あるいは誤嚥による窒息や嘔吐などがAHTとまったく同様の様々な損傷の原因となるという、法廷での弁護人や弁護側の医師証人たちの

主張には医学的な根拠がない……硬膜下血腫が存在するときには AHT の可能性が考慮されなければならない」と、SBS/AHT と同じ損傷をもたらしうる病態を否定しました **(▶「AHT共同声明」の翻訳は巻末の「参考資料一覧」)。**

その後も、日本の小児科学会が2020年に「虐待による乳幼児頭部外傷 (Abusive Head Trauma in Infants and Children) に対する日本小児科学会の見解」を公表し、AHT 共同声明と同様、「AHTの疾患概念は長年の真摯な研究の成果により確立され，世界の医学界でその共通認識が形成されている」などとしています。

AHT 共同声明などの見解に対してはさらなる反論がなされ、SBS/AHT をめぐる激しい論争は国際的にも収束していません。日本で2018年以降に相次いで無罪判決が言い渡されていることについては **Q4** で述べましたが、SBS/AHT が関わるえん罪事件は、世界各国でも激しく争われているのです。

そのなかで、2022年、アメリカ・ニュージャージー州のある事件で、SBS/AHT仮説について、根本的な問題点を指摘する決定が裁判所によってなされています。

本件は、生後11か月の男児が急変し、急性硬膜下血腫と広範で多層性の網膜出血が確認されたことから、急変時に男児と一緒にいた父親がAHTを疑われたという事案でした。被告人側は、男児の症状が早産や先天性の病気によるものであると主張しました。これに対して、検察側は虐待小児科医を証人として法廷に呼び、AHT仮説にもとづいて本件が虐待によるものであったと証言をさせようとしましたが、裁判所は「AHTに関する証言は、信頼できる証拠ではない」と判断し、検察側証人が、AHTについて証言することを禁止する決定を下したのです。

裁判所は、次のようにいいました。「文献や証言から明らかなのは、AHTは、科学的・医学的な技術や手順によって発展してきたものではなく、診断として科学的・医学的に検証されたことがないために、科

学的・医学的に有効性が確認された診断となってこなかったということである。……AHTは、信頼できるテストによって得られた事実に基づくものではなく、推測と外挿に基づく理論に由来する、欠陥のある診断である」「AHTが、実際に、病態を引き起こす外傷を説明づける、有効な診断であることを示す証拠はない。子どもを揺さぶることでAHTの三徴候が引き起こされるという仮説が検証された研究はなく、これを証拠とすることはできない」「AHTの診断は、科学的・医学的なテストとはほとんど関係がないにもかかわらず、科学的・医学的証拠であるとして提出されてしまう、不正確かつ誤導的な『ジャンク科学』に類似している」。

本決定が正当にも指摘するように、SBS/AHTの診断には強い根本的な懸念があるのです。

（笹倉香奈）

Q6 SBS/AHTによる子ども虐待が疑われると、どうなるのでしょうか？

A6 虐待の有無（可能性）について判断する機関としては、病院・児童相談所・警察・検察・裁判所（刑事・家事）などが考えられます。それぞれの機関が関与する場面や目的は異なります。ここでは概要を説明します。

まず、子どもに何らかの異変が生じた場合には、病院に救急搬送されることが多いでしょう。病院は、異変の原因を調べます。そして、虐待の可能性がある場合は児童相談所に通告する義務があるため、その症状や家族からの情報提供をもとに、その子どもが虐待されたと考えられるかどうかを判断します。この段階で収集される情報や医師の意見はその後の別機関における判断でも参照されることが多く、重要なものとなります（▶Q7）。

　児童相談所は、病院からの通告を受けたような場合に、子どもを養育者のもとに置くことが適当かどうかについて検討を行います。もっとも、子どもの安全確保などのために、十分な検討をする前に、退院後直ちに一時保護が実施される場合が非常に多いといえます（▶Q8）。

　児童相談所では、家庭訪問なども含めた環境調査、当事者からのヒアリングなどを実施するほか、治療を担当した医師だけでなく、虐待アドバイザーという立場の他の医師に意見を求めることが通常のようです。調査検討の結果、児童相談所が養育者のもとに直ちに子どもを返すのが適当でないと判断した場合は、施設入所（親子分離）等を求めることになります。

　2016年の児童福祉法改正により、児童相談所が一時保護期間の延長を求め、親権者がこれに同意しない場合には、家庭裁判所がその可否を判断することになりました。なお、その中で、虐待の疑いについても検討が行われる場合があります。

　また、児童相談所が施設入所等を求めたものの、養育者がこれに同意しない場合には、児童相談所が家庭裁判所に審判を申し立てることがあります。審判では施設入所等の措置をとる必要があるかが判断されることになりますが、虐待の有無が争点となっている場合には、その点についても判断が行われる場合があります。

　なお、児童福祉法は2022年にも改正され、最初の一時保護について養育者が同意をしない場合には、裁判所の関与が必要となりました。いわゆる「司法審査」と呼ばれる制度で、2025年4月から始まる見込みです（▶パート4）。

　ここまで説明したのは、刑事事件を除く手続です。

　他方、刑事事件では、まず警察や検察が、処罰すべき犯罪行為としての虐待があるかを捜査することになります。捜査の過程では、自宅の捜索差押や、逮捕等の身体拘束がとられる場合もあります。これらの捜査の必要性の判断には、裁判所（刑事部）もかかわる場合があります（▶Q10）。

養育者を処罰すべき虐待行為があると検察官が判断した場合には、養育者は起訴され、刑事裁判が行われることになります。養育者は被告人という立場になります。刑事裁判では、検察官が主張する虐待行為が認められるかどうかが争われます。被告人となった養育者には弁護人がつき、弁護活動を行います。刑事裁判では、医師などの専門家の証人尋問などが実施される場合もあります。こうした意見や証拠を踏まえて、裁判官が有罪か無罪かを判断します。

　この判断は、問題とされた虐待行為が合理的な疑いなく認められるかどうか、という基準でなされます。もっとも、無罪となった事例では、事実上、子どもに異変が生じた原因（事故や病気など）が判明している場合も多くあります（▶**刑事事件の手続の流れの詳細については、パート3**）。

（川上博之／かわかみ・ひろゆき／大阪弁護士会）

Q7　病院は、SBS/AHTによる虐待が疑われる場合、どこに通告するのですか？

A7　まず、子どもに突然何らかの異変が生じた場合には、病院に救急搬送されることが多いでしょう。病院では治療のために各種検査が行われ、CTが撮影されることになります。CT撮影の結果、急性硬膜下血腫、脳浮腫、眼底出血などが見つかった場合には、事故の可能性や内因性の病気の可能性とともに頭部を揺さぶるような虐待行為が行われた可能性がないか検討されることになります。その際には医学的な検査だけではなく、普段の家庭内の状況などについて両親など複数の養育者が別々にヒアリングされる場合もあります。なお、多くの病院では、診察を担当した医師だけではなく、複数の医師によるチーム（虐待委員会等）によって、SBS/AHTの可能性について検討がなされます。

　この段階で、明らかな別原因が判明して虐待の可能性が否定されることがありますが、そもそも治療が優先される場面ですので、必ずしも原因確定のための十分な検査が実施されるとは限りません。また、特に家庭内で起きた事故の場合、養育者の説明が合理的なものとして受け入れられるかどうかは、関与する医師の依拠する見解や知識によって差異があるようです。

　結果として、虐待以外の原因が明らかにならない場合には、虐待の可能性がある（残る）という判断に至る場合もあります。

　この場合、病院は児童相談所に連絡（通告）をすることになります。

　児童虐待の防止等に関する法律5条では、医療機関や医師に児童虐待の早期発見に努めるように求めると同時に、児童虐待の予防、防止、児童の保護、自立支援に関して、国および地方公共団体の施策に協力するよう努めることを求めています。同法6条では、「児童虐待を受けたと思われる児童を発見した者は、速やかに、これを市町村、都道府県の設置する福祉事務所若しくは児童相談所又は児童委員を介して市町村、都道府県の設置する福祉事務所若しくは児童相談所に通告しなければならない」とされています。つまり、児童虐待については、疑いがあれば公的機関に通告することが定められているのです。また、速やかな通告が求められているのですから、病院内チームによる最終的な結論が出る以前に、たとえば診察初日に児童相談所への通告が行われる場合も珍しくありません。

　警察に対しては、病院から連絡がなされる場合や、児童相談所を通じて連絡がなされる場合があるようです。この連絡も速やかに行われる場合が多く、子どもが病院に搬送された当日に、警察官が自宅の確認（実況見分）を求める場合も複数確認されています。

（川上博之）

Q8 虐待を疑った児童相談所は、養育者と子どもに対して何をするのですか？

A8 児童相談所は、通告を受けた場合、まず、子どもの安全確認を行います。その後、虐待の有無等について調査を実施します。調査には、関係者からの聞き取りや立入調査などがあります。必要があると判断したときは、子どもを一時保護します。

SBS/AHTが疑われる場合は、子どもが入院中であることが多いと考えられます。この場合、児童相談所職員が医療機関に出向いて、主治医や職員に事情聴取を実施します。受診経過、子どもの状態、虐待と疑う根拠等のほか、養育者にどのような説明をしたかや、養育者の反応はどうだったか、といったことを聞き取ります。児童相談所は、医療機関に情報提供を求めることができます。子どもが入通院している医療機関だけでなく、他の医師や医療機関に意見を照会することもあります。児童相談所は、養育者や子どもへの事情聴取も実施します。また、自宅への立入調査をすることもあります。

児童福祉法33条では、児童相談所長が必要だと認めるときは子どもを一時保護できると定めています。一時保護は、適当な者に委託することが認められています。乳幼児の場合は、乳児院、医療機関等に委託されます。SBS/AHTの疑いがあるケースでは、退院と同時に一時保護が行われることが多いようです **(▶パート2「菅家事件」「田中事件」)**。なお、2022年の児童福祉法改正により、一時保護の開始時に親権者の同意がない場合には、児童相談所が裁判所に一時保護状を請求することになりました **(▶パート4)**。

一時保護の期間は2か月を越えてはいけないとされていますが、必要があると認めるときは延長できます。その結果、一時保護が長期化するケースが散見されます。一時保護した子どもの親権は、児童相談所長が代行することになります **(▶パート4)**。

　他方、調査の結果、養育者と子どもとの長期分離が必要であると判断した場合、児童相談所は施設入所の措置をとることがあります。施設入所は、一時保護以上に長期間の親子分離を前提としています。施設入所をさせる場合は、親権者の同意が必要です。親権者が施設入所に同意しない場合、児童相談所長は、家庭裁判所に対して、子どもの施設入所を承認するよう審判を申し立てることができます。裁判所が承認すれば、子どもを親権者から引き離し、施設、具体的には、乳児院や児童養護施設に入所させたり、里親宅に預けたりします。

　一時保護や、施設入所の措置がとられると、親子分離の状態が続きます。この間、児童相談所は、子どもに対する教育、医療等の必要な行為、養育者に対する指導を行います**（▶パート4）**。

　一時保護や、施設入所の後に虐待がなかったと判断した場合や、虐待の再発を防止できるなど養育上の問題がないと考えられる場合は、措置を解除して、子どもを家庭に戻すことになります。措置を解除する際には、たとえば転倒防止措置などについて養育者を指導します。養育者の指導は主に児童福祉司が行います。

（陳愛／ちん・あい／大阪弁護士会）

Q 9 SBS/AHTの疑いで一時保護をされた場合、養育者と子どもはどうなるのでしょうか？

A9　SBS/AHTの疑いがあると、児童相談所が調査を行うことになります。具体的には、養育者、近親者からの事情聴取、自宅への立入調査等です。子どもが入通院している医療機関も、児童相談所に情報提供をします。提供される情報は、医学的な所見だけではなく、医療機関での養育者の言動なども含まれるようです。

　調査の結果によっては、子どもが一時保護されます。SBS/AHTが疑われたケースでは、それまでの養育に問題がなかったとしても、一

時保護されてしまうことが少なくありません。

　一時保護の開始時に親権者の同意は必要とされていませんが、児童相談所に呼び出すなどして、その間に子どもを病院から連れ去るといった手法で、親権者や養育者が知らないうちに実施されることがあります（▶パート2「菅家事件」「田中事件」）。この一時保護の期限は2か月ですが、延長をすることができるため、長期化することもあります。なお、一時保護は行政処分なので、裁判所に対して不服申立を行うことができますが、措置の解除が認められることはほとんどありません。

　一時保護がなされると、子どもは乳児院や児童福祉施設に連れていかれ、そこで生活をすることになります。医療機関に委託されることもあります。一時保護期間中は、児童相談所長が親権を代行します。児童相談所長の権限行使が親権者の意向に優先するとされているため、親権者が子どもに医療や教育を受けさせることが、事実上困難になります。

　子どもとの面会も自由にできる訳ではありません。児童相談所長が必要と認めるときは、面会や通信を制限することができるとされているからです。この制限は行政処分としてなされるべきものですが、実際には指導として、適切な手続や要件に基づかずに面会等が制限されることもあります。そもそも、子どもの所在場所を親権者に告知しなくてもよいという運用がなされているため、子どもの居場所が分からないこともあるのです。また、運用上、面会の際には職員が同席することとなっています。そのせいか、面会はあらかじめ指定された日時に、限られた時間、たとえば1時間程度しか実施されないことがあります。

　SBS/AHTが疑われるケースでは、虐待ありきで手続きがすすめられることも少なくありません。そのため、一時保護よりも長期の親子分離が必要であるとして、施設入所の措置がとられることがあります。この場合は、親権者の同意が必要となります。やっていない虐待を疑われた養育者が、子どもと引き離されることに納得するはずはありま

せん。ごく幼い子どもが入院したり、手術をしたりするほどに容体が悪ければ、なおさらです。しかし、施設入所に同意をしなければ「子どもの福祉に反する」として、面会が認められなかったり、子どもの居場所すら教えてもらえない可能性があります。また、同意をしなかったとしても、児童相談所が申立をして裁判所が承認すれば、長期の施設入所となります（いわゆる28条審判）。施設入所になると、親子分離が数年にもわたって継続することもありますし、子どもが家庭に戻れないこともあるのです。このようなことを暗にほのめかされた親や養育者は、施設入所に同意せざるを得ないという状況に追い込まれてしまいます。子どもとの面会を盾に施設入所への同意を迫るこうした方法は、「人質児相」であるとして批判されています。また、SBS/AHTが疑われる子どもだけでなく、その兄弟姉妹も家庭から引き離されることもあります。

　一時保護や施設入所になったとしても、そもそも虐待がなかったことが判明すれば、措置は解除されます。しかし、SBS/AHTが疑われるケースでは、児童相談所は『子ども虐待対応の手引き』に従って判断を行っています（▶Q3）。虐待があったという判断を医師がしているという点も、児童相談所は重視します。そのため、医学的知識や法的知識がない多くの養育者が、本当は虐待はなかったのだと児童相談所に認めさせることは極めて困難です。

　なお、養育者の過失によって事故が起きたり、実際に虐待があったとされれば、今後の事故や虐待の危険がないよう指導したうえで、措置が解除されます。措置解除に向けては、児童相談所の指導を受けなくてはいけないとの運用がなされています。「指導」の中には、子育てについての教育のほか、離婚や転居をすすめられることまであります。また、措置解除後も、児童相談所の調査、家庭訪問などを受けることがあります。子どもを取り戻すためには、虐待したことを認めて反省をし、児童相談所の指導に従うことが求められるため、虐待をしていない養育者はここでも大きな苦しみに直面することになります。

以上のことから、SBS/AHTを疑われて子どもが家庭から引き離されそうだという場合には、一刻も早く、一時保護などの問題に詳しい弁護士に相談する必要があります。

（陳愛）

Q10 通報を受けた警察は、被疑者となった養育者に対して何をするのですか？　どう対応すべきですか？

A10　警察は通報を受け、SBS/AHTの疑いがある事件があること、そして、養育者が犯人である疑いがあることを認知します。

　多くの場合、警察は、できるだけ早い段階で、養育者に対する取調べをしようとします。このときに注意しなければならないことは、警察は、養育者の置かれた状況に配慮してくれたり、養育者の気持ちを汲み取ってくれるわけではない、ということです。

　また、逮捕・勾留（いずれも罪を犯したと疑われている人の身体を拘束する刑事上の処分です）をされていない段階では、養育者が取調べに応ずる義務はありませんし、仮に警察の求めに応じて警察署に出頭し取調べを受けることにしたとしても、いつでも退去することができます。しかし、警察は、このような「取調べに応ずる義務がないこと」や取調室から「いつでも退去できること」について、刑事手続のことを知らない養育者に対して十分に理解できるように説明してくれることはありません。

　これまで警察と接したことのない一般の方にとってみれば、びっくりするようなお話かもしれませんが、残念ながらこれが事実です。

　そのため、警察から「事情を聴かせてほしい」などといって連絡が来たときには、すぐ弁護士に相談していただくことが重要です。なお、弁護士といっても刑事事件に精通した弁護士でないと適切なアドバイスをするのは難しいことから、相談する弁護士についても慎重に選ん

でいただく必要もあります。

　警察の求めに応じて、出頭する場合であっても様々な点に留意が必要です。

　そもそも、身体拘束をされているか否かにかかわらず、罪を犯したことを疑われている養育者には黙秘権があります。この黙秘権についても警察は十分な説明をしてくれません。また、養育者が黙秘権を行使しようとしても、「説得」と称して様々な角度から黙秘権行使を妨害し、あるいは黙秘権を侵害するような取調べが行われる実例も数多く報告されています。たとえば、警察から「あなたが黙っていては本当のことがわからない。今、懸命な治療を受けている○○ちゃんがかわいそうだと思わないのか。」とか「都合が悪いことがあるから黙っているんだろう。このまま黙っていれば裁判でも不利になる。」などと言われたというお話は、SBSえん罪被害にあった方から実際に警察から掛けられた心ない言葉として報告されているものです。

　養育者に対してポリグラフ検査（いわゆる「うそ発見器」）を実施しようとしてくることもあります。警察は、検査への同意を求めてきますが、同意をする必要はありませんし、すべきでもありません。明確に断るべきです。断っても不利になることは一切ありません。そもそもこのポリグラフ検査は、黙秘権を保障した憲法、刑事訴訟法と整合しません。また、科学的な正当性が認められておらず、裁判では証拠になることはあまりありません。にもかかわらず、警察は取調べの現場ではポリグラフ検査を使って「今、反応が出ている。本当のことをしゃべった方がいい。」などと述べて（「反応が出ている」というのはウソであることもよくあります）、自白を迫ってくることがあるのです。

　また、警察は取調べによって語られた内容を供述調書という書面にまとめます。そして、その書面の最後のところに署名押印をするように迫ってきます。実は、この「署名押印」にも応ずる義務はありません。しかし、そのことも警察は養育者に伝えてくれることはありません。

　このように様々な手段で養育者の権利や選択肢を奪う警察の捜査手

法に適切に対抗するには、力量のある弁護士による援助が不可欠です。大事な、可愛いわが子が急変して病院で懸命な治療を受けているとなれば、養育者にとっても緊迫した事態であり、気が動転していて、子どもが急変したときの状況や、その前後の出来事などを正しく記憶し、正しく説明できるとは限りません。ほかの家族と話をしたり、当日の出来事をスケジュール帳などを見ながらよく思い返してみることで、忘れていた出来事を思い出したり、覚えていたはずの出来事の順番が違っていたことがわかる、などということはよくあることです。しかし、養育者の話が実際の出来事と矛盾していたり、以前の話から変わっていると、それを指摘して「お前はウソをついている。」と自白を迫ってくるのが警察の典型的な取調べ手法です。そのような手法に適切に対応するためにも、必ず力量のある弁護士に相談をしてください。

　警察からの十分な説明もないまま、不確かな記憶で話した内容（「あやすために体をゆすった」「急変したので慌てて揺さぶった」など）が「自白」にあたるとして不利益な取り扱いを受けそうになった事例も実際に起こっています（▶Q12）。

　そのほか、警察は、できるだけ早い段階で現場の状況を写真に残す捜査をしたり、現場に残っている物品を証拠品として取得する捜査をしたりします。これも裁判所が発付した令状がない場合には、応ずる義務はありません。しかし、そのことも警察が教えてくれることはありませんので、留意が必要です。

　警察は養育者に相応の疑いがあると判断すれば、逮捕・勾留という身体拘束をしてくることもあります。そのタイミングは事案によって様々です。急変後まもなく、のこともありますし、急変から数か月あるいは1年以上経ってからのこともあります。身体拘束を受けた場合は、さらに弁護人の活動が重要となります。弁護人の活動（裁判官との面談や不服申立て）によって、裁判官が勾留請求を却下したり、勾留を取り消して釈放された例も多くあります。身体拘束を受けたものの、証拠が十分ではなかったとして起訴されずに釈放された例もあります。

起訴後も勾留が続いた例もあれば、保釈が認められた例もあります。身体拘束を受けずに裁判を受けた例もあります。身体拘束を受けるか否かには、様々なバリエーションがありますが、身体拘束を受けてしまった場合には、刑事手続に詳しく、できるだけSBS/AHTの事例に精通した弁護人に依頼することが必要です。

　証拠収集は、警察（捜査機関）だけが行うものではありません。養育者・弁護人側でもおこなうことができます。SBS/AHT事件に詳しい弁護士であれば、医療機関にカルテや画像データの開示を求めたり、有用な証拠を収集し、同時並行的に進められている捜査に備えることになります。さらに、収集した証拠について、協力してくれる医師と連携してその内容の精査・検討を進めていくことになります。現在、SBS/AHT事案に精通した弁護士は決して多いとはいえませんが、SBS検証プロジェクトでは、全国の事例で弁護士を紹介したり、弁護人にSBS/AHTに関する情報提供や医師の紹介をするなどの活動を行っています（▶SBS検証プロジェクトのHPは巻末の「参考資料一覧」）。

（宇野裕明／うの・ひろあき／大阪弁護士会）

Q11 SBS/AHTの事件では、よく医学鑑定が使われていると聞きますが、どういう問題がありますか？

A11　SBS/AHT事件においては、医師の意見が大変重視されます。児童虐待ケースを多く診てきた医師であれば、子どもの頭部損傷が虐待によるものかどうかを上手く診断できるだろう、と期待したくはなります。しかし、医学的知見の利用には限界があることを踏まえておく必要があります。

　SBS/AHTについては、生身の人間を用いた実験を行うことも、脳を精密に再現してメカニズムを確認することもできません。そのため

一般に、医師は「虐待による頭部損傷例」と「虐待によらない頭部損傷例」とを比較して、「虐待の場合」に特徴的に現れる脳の状態を観察し、そこから得られた情報を、今度は虐待による外傷かどうかの診断基準として用います。ところが、医師が前提とした「虐待による頭部損傷例」と「虐待によらない頭部損傷例」の振り分けの正しさを確認することは困難で、そこに限界があります。従来、振り分けの根拠として重視されてきたのは、養育者自身が認めたことや養育者の説明が不自然であり死因が不明であることなどでした。しかし、子どもの怪我や死亡に直面し動揺している養育者らの説明は、客観的で確かな情報とはいえません。児童相談所や裁判所の結論は、医師の意見を根拠として出されており、独立した判定基準になりえません。要するに、医師の判断の根拠は、「虐待によらないことが明白な事例」とそれ以外の事例との比較に基づき蓄積されたデータといえます。また、SBS/AHTの特徴とされてきた症状は、他の原因でも生じるものです（▶**Q1、Q2**）。このような限界があるため、医学的知見だけを根拠に、SBS/AHT事件であることを結論づけることは難しいといえます。

　さて、鑑定とは、裁判所に必要な専門的知識を補うための制度です。裁判所が専門知識を活用することは、事実認定の信頼性を高めるために重要なことです。その一方、専門知識を持たない裁判官・裁判員が、鑑定人の意見を正しく理解するのは難しく、専門家の意見を過大評価または過小評価してしまうリスクが常にあります。そこで、このリスクをできるだけ避けるための仕組みを用意することが必要となります。しかし、この点について、日本の刑事手続には十分な仕組みがなく、鑑定人の意見を適正に評価しようという個々の裁判官の努力に任されているのが現状です。

　鑑定人には、中立公正で、質の高い専門知識を提供することが求められます。しかし、日本には、鑑定人として活動するための資格制度も、鑑定能力を担保するための認証制度もありません。鑑定人に対して、刑事手続を解説し、鑑定人の役割を伝える研修プログラムなども

提供されていません。たとえ専門家であっても人間である以上は認知
バイアスが生じます。そのため、鑑定に際して専門家に提供されるべ
き情報の範囲については慎重な検討が必要となりますが、この点につ
いての議論も進んでおらず、ガイドライン等もありません。専門家が
法廷で証言を行う前に、その証言を審査し、証言内容を確認するため
の手続、たとえば、その証言が十分な事実またはデータに基づいてい
るか、信頼性の認められる原理・方法が当該事件に確実に適用された
かなどを審査する手続も設けられていません。その結果、専門家間で
共通認識となっている信頼性ある知識に基づく証言も、専門家独自の
仮説にとどまる証言も、どちらも等しく扱われ、裁判官・裁判員に提
示されることになります。

　さらに、日本の鑑定制度は、検察官と被告人が対等に専門知識を利
用できる仕組みにはなっていません。SBS事件のように、捜査段階
において専門知識が不可欠である場合、捜査機関は独自に専門家を探
して鑑定を依頼します。そして、この専門家は、そのまま法廷でも証
言を行うことが許されます。一方、被告人側には、適切な専門家を探
し出して依頼を行うための人的なつながりや財源が保障されていませ
ん。検察官が捜査段階でアクセスしたすべての専門家に関する情報は、
被告人側には提供されません。また、専門家に依頼するための費用保
障もありません。制度上、被告人は、裁判所に対して鑑定を行うよう
請求することはできます。しかし、ただ鑑定請求をするだけでは足り
ず、検察側の鑑定人がいるにもかかわらず、なお別の専門家が必要で
ある理由を示すよう求められます。SBS/AHTに関しては、専門家間
で意見が分かれ、関連する専門分野も多岐にわたります。脳神経外科
や法医学だけでなく、放射線科、眼科、病理学、循環器科、さらに感
染症や人間工学の専門的知識が求められる場合があります。被告人側
がこうした専門家にアクセスすることは容易ではありません。

　検察側に有利な証言を行う専門家に対して、被告人の側からも専門
家が提出されなければ、裁判官・裁判員にとって必要な専門知識が法

廷に出されたとはいえず、適正な裁判が確保されない事態が生じます。

　以上のように、SBS/AHTに関する医学的知見には、その性質上避けられない限界があるだけでなく、専門知識を利用するための制度にもさまざまな課題があります。

（徳永光／とくなが・ひかる／獨協大学教授）

Q**12** SBS/AHT仮説の問題点について教えてください

A12　SBS/AHT仮説そのものにいくつもの問題があります。

　まず、SBS/AHT仮説は科学的な根拠が十分ではありません。もともとSBS仮説の起源は、1971年にイギリスの小児脳神経外科医であるガスケルチ医師が、頭部外表に損傷が認められないにもかかわらず、しばしば乳児が硬膜下血腫を発症するのは、揺さぶりが原因ではないかとの仮説を発表したことだといわれています（▶Q2）。確かに、赤ちゃんの頭蓋内に出血があるのですから、揺さぶりなどの外力を疑うことは自然にも思えます。しかし、それはあくまで推測です。上記論稿もわずか2ページであり、ガスケルチ医師自らが、仮説にすぎないことを明言していました。ところが、その仮説が1980年代以降、アメリカでの児童虐待防止論と結びつく形で、暴力的な揺さぶりによって、硬膜下血腫、脳浮腫、眼底出血の三徴候を生じてしまう、というSBS論につながったのです。

　しかし、仮説と事実を混同してはいけません。仮説は、証拠によって検証され、裏付けられなければなりません。ところがSBS仮説は、証拠によって裏付けられることもないまま、虐待防止を強く訴える立場の医師などから支持され、いつの間にか通説になってしまったのです。

　実は、揺さぶりが三徴候を生じるということは実証されていません。動画で記録された揺さぶりで三徴候が生じたことが確認された例はな

いのです。これだけ動画が発展した時代なのに不思議なことです。暴力的な揺さぶりの動画がない訳ではありません。いくつも暴力的な揺さぶりが撮影されていますが、そのような動画の例でも、三徴候は生じていないのです。たとえば、2018年4月12日付NEW YORK DAILY紙（電子版）によれば、あるベビーシッターが生後14か月の子どもを激しく揺さぶっている様子がカメラで捉えられ、ニューヨーク市警に逮捕されました。ところが、その子どもには三徴候は認められませんでした。さらに交通事故に遭った赤ちゃんにも三徴候は生じていません。たとえチャイルドシートで守られていたとしても、交通事故にあった赤ちゃんには、人間の手では到底不可能な激しい揺さぶりの力が加わっているはずです。しかし、そのような赤ちゃんにも三徴候が確認されたという報告はありません。つまり、揺さぶりが三徴候を生じるということ自体が客観的に立証されているとはいえないのです。実際、どのような揺さぶりがなされれば三徴候が生じるのかを具体的に明らかにしたデータはありません。むしろ、逆のエビデンスがあります。ダミー人形や豚で揺さぶり実験をしても、脳浮腫の原因とされるびまん性軸索損傷（びまんせいじくさくそんしょう）や眼底出血を生じるだけの力とならなかったというデータがあるのです。SBS/AHT仮説はこれらのデータをことさらに無視しています。

　では、どうして揺さぶりが三徴候の原因となるとされてきたのでしょうか。SBS/AHT仮説が依拠しているのは、循環論法と自白です。循環論法については次の**Q13**で述べることにして、ここでは自白の問題を取り上げましょう。

　SBS/AHT仮説は、三徴候が見られた子どもの養育者の多くが揺さぶりを自白し、有罪判決を受けているということを強調するのです。しかし、自白は非常に不確かな証拠です。犯罪を疑われた人々が様々な理由から罪を認めるかのようなウソの自白をしてしまうことは、えん罪の歴史が示しています。さらに、仮に自白のような揺さぶりがあったとしても、その揺さぶりが、子どもの三徴候の原因だったかど

うかは判りません。結局、自白だけでは十分な科学的根拠とはいえません。だからこそスウェーデンの政府機関はSBU報告書において、SBS仮説には、質の低い証拠しかなく、科学的根拠は十分ではない、と評価したのです (▶Q5)。

さらに、SBS/AHT仮説には、論理的な誤りが多く見られます。仮に、揺さぶりによって三徴候が生じるとしても、「三徴候がそろえば揺さぶりだ」などといえないのは、「逆は必ずしも真ならず」という論理学の初歩です。ところが、SBS仮説を主導する人たちの議論を丁寧に分析していくと、同様の初歩的な誤りが多く見られるのです。たとえば、「乳幼児に三徴候が見られ、交通事故・高位落下や特殊な血液の病気がなければ、SBS/AHT＝虐待を第一に考えるべきだ」、というような議論が見られます。これは誤っている上、非常に危険な考え方です。そこには、三徴候の原因は「交通事故・高位落下（つまり強力な外力）」「特殊な血液の病気」「虐待」のいずれかしかないという前提があります。交通事故や高位落下は簡単に除外できますから、結局「特殊な血液の病気」がない限り、虐待になってしまいます。実際、この論理にしたがって、事実上三徴候がありさえすれば、「揺さぶりだ」「虐待だ」という認定がなされてきたのです。

しかし、実際には三徴候を生じる原因は、「交通事故・高位落下」や「特殊な血液の病気」に限られないことが次々と明らかにされています。つかまり立ちからの転倒やソファからの落下によっても、三徴候が生じうることは繰り返し報告されています。また「特殊な血液の病気」以外の内因でも三徴候は生じます。たとえば静脈洞血栓症や心肺停止後に生じる低酸素脳症などでも三徴候が生じることが指摘されています。結局、子どもの頭蓋内に出血などの三徴候があるからといって、その原因を揺さぶりなどの外力と決めつけることはできないのです。

つまり、SBS/AHT仮説には、エビデンスの不十分さ、不都合なエビデンスの無視、論理の誤り、不適切な除外判断などの数多くの問題があるのです。とにかく三徴候があれば、まず虐待だというきわめて

乱暴な議論だともいえます。

　SBS/AHT仮説は、過去の議論にとらわれることなく、一旦ゼロ・ベースで見直すことが必要なのです。

（秋田真志／あきた・まさし／大阪弁護士会）

Q 13 SBS/AHT仮説の循環論法とはどういうことでしょうか？

A.13　まず、たとえ話で説明しましょう。

　腎臓ガンと喫煙の関係を調べる研究がありました。その研究チームは、腎臓ガンの原因は喫煙だという仮説を立てました。仮説が正しければ、腎臓ガン患者は喫煙者のはずです。そこで、腎臓ガン患者から聞き取り調査をすることにしました。ところが、ある腎臓ガン患者に、喫煙歴を尋ねたところ、その患者は、「私はタバコを吸ったことはありません」と答えました。聞き取りに当たった医師は、こう言いました。「私たちの研究では、腎臓ガン患者は喫煙者だ。あなたはウソを言っている」。そして、その患者を喫煙者に分類しました。この調査の結果、腎臓ガン患者は全員喫煙者となりました。研究チームは、「腎臓ガンの原因は喫煙であると証明された」と発表しました。

　この研究は正しいでしょうか。もちろん正しくありません。仮説にすぎないのに、その仮説が正しいことを前提にして、データを歪めてしまっているのです（他にも喫煙以外の原因を無視しているという問題がありますが、ひとまず措きましょう）。このように、仮説を証明するために、その仮説が正しいことを前提にしてしまうのが「循環論法」です。

　SBS/AHT仮説でも同じことが起こっていました。養育者が、低位落下のあと子どもが急変したと訴えても、「何を言っている。低位落下では三徴候は生じない。あなたはウソをついている。赤ちゃんを揺

さぶったに違いない。」と言われてしまうのです。「低位落下で三徴候は生じない」というのは一つの仮説にすぎないのに、それが正しいことが前提とされているのです。結論先にありきの誤った議論です。実際には、確率は低くても、三徴候は、低位落下や転倒でも一定の頻度で起こり、そのうち一定の割合で重症化し、時として致死的となることは、繰り返し報告されているのです。たとえば、中村紀夫医師は、ソファーベッドから落下した7か月女児が亡くなった事例などを報告し、低位落下事例でも「電撃的に悪化するような場合があって、外傷後数時間のうちに死亡するために、十分な診察や治療を行う余地のないことすらある」とします。また青木信彦医師らが、低位落下など軽微な衝撃によって硬膜下血腫及び眼底出血を発症した乳幼児26事例の経過を英語で報告していますが、そのうち2事例が死亡例です。

　低位落下や転倒では三徴候は生じないという誤りは、低位落下や転倒の危険性を過小評価することにつながりかねず、非常に危険です。

　SBS/AHT仮説では、よく過去にSBS/AHT仮説に基づき虐待だと認定した事例が持ち出されます。多機関連携（医療機関や捜査機関、児童相談所など複数の関係機関が協力すること）や裁判によって確実に虐待だと認定されたというのです。しかし、過去の虐待事例が、真に虐待事例といえるかどうかが問題です。裁判も正しいとは限らないことは、多数の無罪や後からえん罪であることが判明した事例が示しています。このように過去の認定が正しかったか自体が問題なのに、過去に正しく認定できたことを前提にしてしまっているのです。自らの議論の正当性の根拠に、自らの結論を持ち出しています。突き詰めれば、「認定はできる、なぜなら認定できたからだ」というのと同じです。これが、循環論法の正体です。

　このような循環論法は極めて危険です。循環論法は、誤った理論を誤ったまま正当化し、温存するどころか、逆にその誤りを強化してしまうおそれがあるからです。その前提にある「過去の虐待事例」の中に誤って虐待だと認定された事例が含まれていた場合、その事例も

「虐待事例」の1つとして、別の似通った非虐待事例を「虐待の可能性が高い」と認定する根拠とされてしまうのです。新たに虐待と認定する根拠は、同様の事例を「過去に虐待だと認定した」ということです。では、どうして過去に「虐待だと認定した」といえるのかといえば、結局「虐待だと認定したからだ」ということになってしまいます。このように循環論法は、自らの正当性を、自らの結論で基礎づけようとする自己実現型の理論なのです。誤った認定を強化し、固定化してしまうリスクを内在しているのです。

　循環論法は、どこまで行っても、堂々めぐりの議論です。しかし、SBS/AHT仮説は、循環論法だとの批判には答えようとしていないのです。

（秋田真志）

_{ケース} **1** 山内事件

1 SBS理論に警鐘を鳴らした無罪判決

あがつまみち と
我妻路人 弁護士

事件経過一覧	
2014年	
4月6日	Aちゃん(生後2か月)急変により病院搬送
7月23日	Aちゃん亡くなる
12月6日	山内さん、逮捕
12月27日	山内さん、傷害致死罪で起訴
2017年	
10月2日	大阪地裁にて懲役5年6月の実刑判決
2018年	
3月7日	ようやく保釈が認められる
2019年	
10月25日	大阪高裁で逆転無罪判決

(1) 事案の概要

　本件は、当時67歳の山内泰子さんが、当時生後2か月の孫(A)に対して頭部に強い衝撃を与える暴行を加えて、Aに急性硬膜下血腫、くも膜下出血、眼底出血等の傷害を負わせ死亡させたとして公判請求された事案である。

　山内さんは当時一人暮らしであり、孫と遊ぶために次女(Aの母)の家に行き、買い物に出かけたAの母に代わってAとその姉の子守をしていた。Aに意識障害等の症状が生じ、救急搬送された。山内さんは、任意の取調べの段階から一貫して暴行を否定したが、逮捕、勾留、公

判請求された。

(2) 第一審

　弁護人は、公判前整理手続の段階から、Aの受傷原因はAの姉がAの髪の毛を引っ張って頭が揺れたこと（そのような出来事があったと山内さんが弁護人や取調官に話していた）が原因であり、外傷が原因で急性硬膜下血腫等が生じたことは争わないと主張した。

　第一審の公判では、検察官側証人としてM医師（後述するとおり控訴審でも検察官側証人として証言をした。また、ケース2の「M医師」と同一人物である）が、受傷原因は暴力的な揺さぶりであり、1秒間に3回以上揺さぶる行為があったことで架橋静脈が破綻して急性硬膜下血腫が生じたと考えられるなどと証言をした。

　第一審判決は、弁護人が主張した外力（当時2歳2か月のAの姉が、Aの髪を掴んで上下に揺さぶるなどした）でAの傷害が生じたとは考えられないとし、山内さんに対して懲役5年6月に処するとの判決を言い渡した。

(3) 控訴審の経過
1) 受傷原因の見直し

　筆者を含む6人（SBS検証プロジェクトのメンバーが中心）が控訴審の弁護人として受任した。第一審で弁護人が主張した、外力によってAが受傷した可能性を検討した。頭部外傷に関する文献には、いわゆる「たかいたかい」のように子を上方に素早く持ち上げることを繰り返す行為など日常的な行為によって急性硬膜下血腫が生じうると記載されているものもあった。他方、実際に医師に相談すると、髪の毛を引っ張って頭部が揺れたことがAの受傷原因であることには否定的であった。

　第一審判決から約4か月後、SBS（揺さぶられっこ症候群）に関するシンポジウムが開催され、海外から病理学の専門家やSBS事件の弁

護経験が豊富な弁護士が来日した。弁護人は、来日した専門家や弁護士に相談を依頼した。CT画像、MRI画像、英語に翻訳したカルテ等を準備し、シンポジウムの控室に持ち込み、通訳も依頼して相談を行った。CT画像を見た病理学の専門家から、第一審が急性硬膜下血腫だと認定した（弁護人も争わなかった）部分について「脳静脈洞血栓症によくみられる所見だ」とアドバイスを受けた。脳静脈洞血栓症とは、脳静脈洞が血栓により閉塞する疾患である。AのCT画像から急性硬膜下血腫の存在は明らかではないとの指摘も受けた。第一審で裁判所、検察官、弁護人が前提としていた、受傷原因が外力であること、急性硬膜下血腫の存在を、一から見直すべきことが分かった。同じシンポジウムに、脳神経外科医（B）が登壇していた。B医師は、受傷原因について、外力による可能性は否定できないが、むしろ内因性の脳静脈洞血栓症であると考えられるとの意見であった。控訴審では、Aの受傷原因は外力ではなく脳静脈洞血栓症である可能性を主張することにした。

このように、医師の協力によって、第一審で前提とされていた受傷原因や受傷内容を見直すことになり、控訴審における明確な主張が可能となった。控訴趣意書の内容も、内因性の脳静脈洞血栓症による受傷の可能性、急性硬膜下血腫の不存在を柱とした。

2）控訴審判決の検察官側証人に対する評価

控訴審の争点は、Aの受傷原因が、内因性の（病的な）脳静脈洞血栓症に起因するものであった可能性が否定できるかという点であった。弁護人は、B医師のほか、脳神経外科医、脳神経内科医の証人尋問を請求し、裁判所は採用した。検察官は、M医師の証人尋問を請求し、裁判所は採用した。

控訴審判決は、M医師の鑑別診断について、厳しい論調で指摘している。弁護側の「頭部CT画像に白く写っている部分は、急性硬膜下血腫ではなく、脳静脈洞血栓症により形成された血栓、血液のうっ滞

である」との主張に対し、M医師が主尋問の際に利用したスライドには「静脈のうっ滞が白く写ることはあり得ない」と記載されていた。弁護人は、M医師の反対尋問で、基本的な医学文献には、静脈がCT画像上白く写ると記載されていることを指摘し、弾劾した。

控訴審判決は「画像診断学の常識であるとまで言い切って、静脈のうっ滞、怒張が白く写ることはあり得ないと否定するM医師は、医学文献の記載と整合せず、CT画像の読影について、正確な専門的知見を有しているのか、本件に即していえば、白く写っている部分が、硬膜下血腫等の出血であるのか、それとも、それ以外の可能性があるのかという鑑別診断を正確に行うことができるのかにつき、疑問を禁じ得ない」として、M医師の見解を否定した。

また、M医師の見解を検討する中で、M医師の論文の引用が不正確であったり、偏った引用であったりすることが分かった。それらを1つ1つ、M医師の反対尋問や、B医師の証言で指摘した。控訴審判決は「M医師は、原典とは全く逆の意味で説明したことになる。M医師が依拠した論文自体（M医師自身が監訳している）が、原典の趣旨を正反対の意味に用いたことが疑われる不誠実な引用がなされているものと言わざるを得ない。」と判示した。

3）控訴審判決のSBS理論に対する評価

控訴審判決は、SBS理論について、次のとおり判示している。「本件では、SBSに特徴的とされる、〔1〕硬膜下血腫、〔2〕脳浮腫、〔3〕眼底出血の3徴候につき、〔1〕架橋静脈の断裂により通常生じるとされる硬膜下血腫はその存在を確定できないし、〔2〕脳浮腫及び〔3〕眼底出血については、その徴候を認めるとしても、別原因を考え得ることが明らかになった（眼底出血については、多発性ではあるが、多層性であると認めるだけの証拠はない。）。そして、本件は、一面で、SBS理論による事実認定の危うさを示してもおり、SBS理論を単純に適用すると、極めて機械的、画一的な事実認定を招き、結論として、

事実を誤認するおそれを生じさせかねないものである。」

　すなわち、硬膜下血腫、脳浮腫、眼底出血が認められれば頭部を強く揺さぶったと推認出来ると言うロジックに警鐘を鳴らしたものと言える。

　さらに控訴審判決は、事実認定手法についても言及した。

「一見客観的に十分な基礎を有しているようにみえる事柄・見解であっても、誤る危険が内在していること、消去法的な認定は、一定の条件を除けば、その被告人が犯人であることを示す積極的な証拠や事実が認められなくても、犯人として特定してしまうという手法であること、さらには、その両者が単純に結びつくと、とりわけ、事件性が問題となる事案であるのに、その点につき十分検討するだけの審理がなされず、犯人性だけが問題とされると、被告人側の反証はほぼ実効性のないものと化し、有罪認定が避け難いこと、といった、刑事裁判の事実認定上極めて重大な問題を提起しているように思われる。」

　SBS理論だけではなく、科学的に正しいと思われている見解、理論一般について、それを十分に検証することなく適用することで冤罪を生む危険を孕んでいることを指摘したものと言える。

（4）第一審と控訴審を振り返って

　第一審判決の誤った判断の原因の1つは、裁判所や捜査機関がM医師らの偏った意見に安易に依拠したことにある。もう1つは、弁護人が、山内さんの説明に依拠して外傷以外の受傷原因の主張を行わず、また、弁護側の協力医の証人尋問を行わなかったことである。さらに、Aの受傷原因が外傷であると見解を述べた医師が、自説に拘泥し対立する見解を十分に検討しなかったことも重大な問題である。えん罪を生まないために、法律家も医師も、対立する意見に対して謙虚でなければならないと思う。

（第一審）大阪地判平成29年10月2日判時2476号126頁

（控訴審）大阪高判令和元年 10 月 25 日判時 2476 号 110 頁（確定）

（第二東京弁護士会）

2　当事者の思い

わけのわからないままに一審で有罪判決が下されて……

山内泰子（やまうち・やすこ）

　逮捕前には犯人と決めつけられてメディアにこっそり撮影されることが続きました。テレビで流されたのは、悪い印象を与えるような姿ばかりでした。まだ逮捕もされていないのに、ものすごい数の報道の人に囲まれて「あなた、何したんですか！」と大声で呼びかけられたことは忘れられません。取調べでは、「刑務所に行きたくないから、やっていないって言うんでしょう」と言われたこともあります。でも、やっていないものはやっていないのだから、一度も「やった」とは言いませんでした。自分の孫にどうして手をかけなくちゃいけないの、と何度も訴えました。

　1 年 3 か月の拘置所生活はつらいものでした。夏は 8 人部屋で扇風機が一台しかありませんでした。冬はお湯も出ず、洗濯物は生乾きで、とても寒かったです。お風呂は、服を脱いで入ってまた服を着るまでの全てを 15 分以内と決められていました。家族がよく面会に来てくれたので、それだけが心の支えでした。

　逮捕後にお願いした弁護士さんには、無実を訴えても原因が不明であるとして、それ以上詳細には調べていただけませんでした。状況を教えて欲しいと家族が連絡しても何も聞くことができず、不安の中で一審で有罪判決が下されました。泣いて泣いて呆然としていたところ、

45

我妻先生が判決直後に面会に来てくれたのです。

　その後、「二審では弁護人が6人付きます」と言われてビックリしました。新たな弁護士の先生方からは丁寧に説明をしてもらって、初めて分かったことがたくさんありました。孫がなんで亡くなったのか、その原因をずっと知りたいと家族全員で思っていました。静脈洞血栓症という病気だったと知って、悲しみは消えませんが、ようやく腑に落ちたという気持ちです。スクワイア先生（編者注：上記シンポジウムに参加した病理医）が、よくあの病気を見つけてくださったと感謝しています。

　高裁で無罪判決が出た時は、それはもう嬉しかったです。裁判長が1時間以上もかけて、一審判決を間違いだと言ってくれたことと、最後に「おつらい思いをされたと思います」と言葉をかけてくれたことが、とても嬉しかったです。
　あれだけ「やっただろう」と決めつけてきた警察からは、今日まで一度も謝罪はありません。

（インタビューに基づいて作成したものです）

ケース **2** 河村事件

1 低位落下による発症可能性が認められた逆転無罪

秋田真志 弁護士
<small>あきたまさし</small>

事件経過一覧
2014年
11月27日　　Aちゃん（生後1か月）ベビーベッドから落下
12月18日　　Aちゃん、床への落下後、急変し救急搬送される
2015年
2月　　　　河村さん、警察からの事情聴取
9月16日　　河村さん、殺人未遂罪で逮捕
10月7日　　河村さん、傷害罪で起訴
10月9日　　地裁裁判官が河村さんの保釈を認める。検察官が不服申立（準抗告）
10月13日　　裁判所が検察官の不服申立を棄却し、河村さん釈放
＊その後、1年4か月をかけて、公判前整理手続で争点と公判で取り調べられる予定の証拠の整理が行われる。
2017年
1月10日　　第1回公判期日
2018年
3月13日　　第1審判決（有罪）、弁護側控訴
＊その後、約1年4か月かけて控訴審で争点と証拠の整理が行われる。
2019年
7月　　　　控訴審で改めて医師尋問が実施される
10月8日　　控訴審最終弁論
2020年
2月6日　　控訴審判決（逆転無罪）、検察官が最高裁に上告
2021年
6月30日　　最高裁、検察官の上告棄却（無罪確定）

（1）事件の概要

　事件は2014年に発生した。当時生後1か月だったＢちゃんが、2歳半の兄に抱きかかえられて、フローリングに放り出されたのである。Ｂちゃんは激しく泣いたが、母親の河村さん（当時33歳）が抱きかかえて、あやし始めてしばらくすると、突然に泣きやみ、顔面がみるみる蒼白となった。驚いた河村さんは救急車を呼び、Ｂちゃんは30分後に病院に搬送されたが、心肺停止であった。搬送後にようやく心拍は再開し、Ｂちゃんは一命を取り留めたものの植物状態となってしまった。検査で硬膜下血腫や脳浮腫が認められ、古い頭蓋骨骨折が確認された。実は、Ｂちゃんは、その20日前にも、兄によってベビーベッドから落とされていた。これらの事情は、河村さんと家族の供述やメールでも裏付けられた。しかし、警察から依頼を受けた鑑定医は、SBS仮説を根拠に、河村さんの述べる低位落下ではＢちゃんの症状は生じないとし、暴力的揺さぶりが原因だとした。その鑑定を受けて、事故から9か月後、大阪府警は河村さんを殺人未遂罪で逮捕した。大阪地検は、否認する河村さんを傷害罪で起訴した。筆者は、捜査段階からその弁護を担当したが、この事件をきっかけにして、河村さんの説明するような低位落下でも重症化する例があることを知り、SBS仮説に疑問を持つようになった。笹倉香奈甲南大学教授や他の弁護士・研究者らとともに、SBS検証プロジェクトを発足させ、SBS仮説によるえん罪問題に取り組むようになったのである。

（2）一審有罪判決の問題点

　一審大阪地裁は、2018年3月13日、執行猶予をつけたものの、河村さんに有罪判決を言い渡した。根拠は、検察側証人として出廷した小児科医のＭ医師と法医学者のＫ医師が、Ｂちゃんの症状は、成人の揺さぶりであると証言したことである。判決は、「Ｍ医師及びＫ医師は、被害児の画像所見や病態を踏まえ、自身の豊富な臨床経験に基づいて供述している。Ｍ医師は、小児科医として虐待事案を含む豊富な臨床

経験を有し、小児虐待に関する海外の医学文献を監訳するなど、小児虐待分野に関する知見を十分に有し……また、K医師は、法医学の指導医として多数の解剖経験がある上、虐待の被害児の診断にも自ら携わっており、小児虐待分野を含む医学的知見を十分に有し……（両医師の）供述内容が符合して（おり）……、両医師の供述の信用性は高い」とした。しかし、M医師、K医師が同じSBS仮説を前提にするのであるから、両医師の供述が符合するのは当然である。結局は、SBS虐待論を受け売りしたものに過ぎない。判決は、SBS仮説を無批判に受け入れたのである。

(3) 控訴審での逆転無罪

　控訴審では、弁護側の脳神経外科医2名がM医師らの証言には、脳神経外科医から見て多くの誤りが含まれていると指摘した。弁護側の新たな主張に対し、検察官はM医師を再び証人として請求し再反論を試みたが、その証言はしどろもどろになった。2020年2月6日の控訴審判決は「原審に続いて当審でも検察官請求証人として出廷したM医師は、当審における証言において、……血腫の有無及びその出血源が架橋静脈の剪断か否かに関し、原審よりも大きく後退する内容の証言をするに至った。……若干、誇張した内容の読影であったと認め、原審における該当の証言内容を撤回しているのであり、併せて、自身を含む小児科医は、脳神経外科医のように開頭手術をして血腫の除去等をするものではないため、画像診断に当たり、厳密ではない部分があったなどと説明している。本件で有罪を導く推認の最も重要な基礎となるCT画像の読影に誤りがあったことを自認するものであり、到底見過ごすことができない」と、厳しく批判してM医師の供述の信用性を否定し、河村さんに逆転無罪を言い渡した。低位落下による発症可能性を認めたのである。

（4）SBS仮説の見直しの重要性

　検察側医師、捜査機関、一審判決は、SBS仮説による思い込みのみを頼りに、河村さんの人となりや、低位落下による発症可能性を無視して、河村さんを揺さぶり犯人と決めつけた。大阪高検は上告したが、最高裁は2021年6月30日に上告を棄却し、無罪が確定した。過去に多くの低位落下等の主張を否定して、揺さぶりを訴追してきた検察庁として、有罪にこだわらざるを得なかったのであろう。しかし、仮説はあくまで検証すべきものであって、拘泥すべきものではない。SBS仮説をゼロ・ベースで検証し直すことが求められている。

（第一審）大阪地判平成30年3月13日判時2395号100頁
（控訴審）大阪高判令和2年2月6日判時2476号128頁
（上告審）最決令和3年6月30日LEX/DB25506577（確定）

（**大阪弁護士会**）

2　当事者の思い

無罪判決が確定しても、失ったものは返って来ません

河村透子（かわむら・とうこ）（仮名）

　疑われた日から無罪判決が確定するまで、7年というとても長い道のりでした。

　過失と言われていたのであれば、その通りで、罪状を否認していなかったと思います。でも逮捕時の罪名は「殺人未遂」で、私が殺意を持って何らかの加害行為（揺さぶり）をしたとされていたので、もう争う気力もない中、自分だけでなく家族も一生「犯人の家族・犯人の子ども」とされてしまうので、なんとか7年もの長い時間を戦ったよ

うなものです。

　弁護人の先生方、法廷で検察側医師の誤診を明らかにして下さった医師の先生方、一方的でない報道をして下さった記者の皆様のおかげで、長い期間を頑張れました。本当に感謝しています。

　救急車を呼んだ時、転落事故よりも誤嚥窒息で呼吸が止まったのだと思っていました。なぜなら、産まれた時から吐き戻しが多く、救急搬送になる数日前にも、誤嚥して顔が真っ白になって、背中を叩くと呼吸が戻ったことがあり、寝る時は身体を横に傾けていたほど、誤嚥することを心配していたからです。重症化したのは誤嚥窒息で呼吸が止まったからだと当初から思っており、家族の誰も、長男の行為のせいとは思っていません。

　誤嚥の所見があったことや、検察側医師のCTの誤読など、知ることができたのは公判が始まってからでした。

　事件のころは、警察の方を信頼していました。ちゃんと調べてくれるのだと思ったので、救急搬送当日の家宅捜索や物品の押収、取調べも任意の時から全て応じたのだから、最初からもっときちんと調べてくれれば良かったのに、と今でも思えてなりません。警察の方の仕事を思うと、悪い感情を抱ききれない自分もいます。しかし、真実と異なることで、家宅捜索や押収をされ、身柄拘束を受けたことは、突然侵入、盗難、監禁、拷問を受けたようにしか感じられず、トラウマとなってしまっています。今でも、取調べを受けた警察の入り口に貼ってあった、子どもが描いた「おまわりさん、いつもありがとう！」という絵を思い出すと涙が出てきます。

　無罪判決が確定しても、失ったものは返って来ません。

　虐待の被害に遭う子ども達がいるのも事実で、防がなければならないと思います。でもそれと同じように、誤った診断の被害に遭う子ど

も達も、悲惨な一生を生きることを強いられます。

　虐待を防ぐのと同じように、誤った診断の被害に遭う子ども達も二度と出ないように、より良い診断や判決になっていくことを、心から願っています。

ケース **3 永岡事件**

1 ソファからの落下とSBS
——岐阜地裁・名古屋高裁の重要な指摘

秋田真志 弁護士

事件経過一覧	
2016年	
5月24日	Cちゃん（生後4か月）ソファから落下、病院へ搬送。心肺停止状態
2017年	
5月	永岡さん、逮捕
6月	永岡さん、傷害罪で起訴
10月	保釈
2020年	
9月25日	岐阜地裁、無罪判決。検察官が控訴
2021年	
9月28日	名古屋高裁、検察官の控訴を棄却。無罪確定

（1）事故の概要

　事故は、2016年6月に起こった。母親の永岡さんが少し目を離した隙に、当時生後4か月だったCちゃんが、ソファから落下したのである。Cちゃんの泣き声で落下に気づいた永岡さんは、すぐにCちゃんを抱き上げてあやした。数分後、突然Cちゃんが泣きやみ、けいれんをはじめた。驚いた永岡さんは、親族に助けを求め、病院へ搬送した。病院に到着した時点で、Cちゃんは心肺停止状態であった。蘇生によって、一命を取り留めたが、検査の結果、急性硬膜下血腫、脳浮腫、眼底出血の三徴候が認められた。1年後の2017年5月、永岡さんは、突然逮捕され、起訴される。永岡さんが、Cちゃんを揺さぶって

傷害を負わせたというのである。

(2) 起訴の根拠（その1）──「内科医」の鑑定

　起訴の根拠の一つは、児童虐待問題で主導的な立場にあるY医師の鑑定書であった。Y鑑定書は、交通事故でも高位落下事故でもない乳児にSBSの三徴候がそろっていれば、SBSと診断できるとの「古典的SBS仮説」を展開した上で、「本件の加害者が誰なのかは明らかである」として、「せめてもの償いとして、犯してしまった暴力について真実を語るべきだ」などとしていた。

　確かにY医師は、児童虐待で多くの意見を発表しているが、実際には胃腸科クリニックの副院長（開業内科医）である。頭部外傷や脳神経についての専門家ではない。外力の程度、つまり物理学についても素人にすぎない。そのY医師が、鑑定書ではCちゃんの脳浮腫について、「広範囲の一次性脳実質損傷（びまん性軸索損傷）」であり、「一次性脳実質損傷は揺さぶりでしか生じない」としていた。そもそもびまん性軸索損傷は、交通事故のような激しい外力でなければ生じない。そうであれば、人力によって揺さぶりでびまん性軸索損傷が起こるというのはおかしい。実際、永岡さんは、身長155センチ、体重42キロの小柄な女性である。ところが、Y鑑定書は、揺さぶりについて「回転運動によって遠心力が生じ、急激な減速度運動によって慣性の法則が働いて慣性力が作用することで、並進性運動と比べてはるかに大きなエネルギーが生み出される。人の力によるものであっても、交通事故や高位落下事故と同等か、それ以上の大きなエネルギーが生み出される。暴力的な揺さぶりで方向転換が繰り返されると、エネルギーの累積が起こるために、さらにエネルギーが増大する。遠心力や慣性力といった予想外の力が累積され、人力であっても、想像を絶するエネルギーが生み出される」などというのである。物理を知らない人がこれだけを読めば、もっともらしく思うかもしれないが、全くのデタラメである。「遠心力・慣性力」によって回転運動のエネルギーが大きくな

るわけでもなく、方向転換によって「エネルギーが累積」されること
もない。回転運動であっても、物理法則に従うのであるから「想像を
絶するエネルギー」になるはずがない。逆に、揺さぶりは減速のたび
にエネルギーを消失し、大きな力とならないのである。

さらに、Y鑑定書を脳神経外科医である青木信彦医師に見てもらっ
たところ、その画像読影もデタラメであることが判明した。CT上の
正常部分を血腫と誤読する反面、視床の異常を読み取ることができず、
深部静脈血栓症の可能性を見逃していたのである。

脳神経についても、外力についても、読影についても素人であるに
もかかわらず、Y医師は、三徴候のみで「暴力的揺さぶり」そしてそ
の「犯人」を決めつけていたことになる。あまりに不合理である。

(3) 起訴の根拠（その2）──「眼科医」の意見

Y医師の鑑定と並んで訴追の根拠となっていたのは、眼科医である
N医師の意見である。N医師は、眼科医として、日本においてSBSに
よる眼底出血論について主導する、ほぼ唯一の医師である。そのN医
師が、Cちゃんに見られたような多層性多発性の眼底出血は、揺さぶ
りが原因に違いないと証言したのである。

しかし、弁護側の反対尋問によって明らかになったのは、N医師は
海外で唱えられたSBS仮説を前提として、眼底出血の原因は揺さぶ
りだという議論を鵜呑みにしているにすぎないことである。その議論
は、結論先にありきのいわゆる循環論法である。実際には、海外では
揺さぶり以外の原因によって眼底出血を生じることが数多く報告され、
むしろ揺さぶりによって本当に眼底出血が生じると言えるのかについ
て、繰り返し疑問が提起されている。N医師をはじめ、日本の眼科医
は、これら眼底出血をめぐる疑問について、ほとんど研究していない。
尋問において、これらの海外の医学文献を示して説明を求めると、N
医師の供述はしどろもどろになりながら、それらの文献は信用性がな
いかのような証言を続けた。しかし、実際には、N医師がまともにそ

れらの文献を読んでいないことが明らかであった。

（4）無罪判決の内容

　一審の岐阜地裁では、検察側請求のＹ医師及びＮ医師の尋問に対し、弁護側請求の青木信彦医師の尋問が行われた。青木医師は、Ｙ医師の鑑定の誤りを的確に指摘し、Ｃちゃんが軽微な外力と深部静脈洞血栓症という内因が加わることによって、重篤な症状になった可能性を明確に証言された。

　一審判決（岐阜地裁2020〔令和2〕年9月25日判決）は、Ｙ医師の証言について「早期にCT画像上低吸収域（引用註・脳浮腫のこと）が現れる場合は［外傷性一次性］脳実質損傷であるとの（Ｙ医師の）見解についても、十分に説得力ある具体的根拠が示されているとはいえない」などとしたほか、青木医師の「脳神経分野の専門知識、臨床・研究経験、頭部CT画像の読影経験」がＹ医師より「格段に豊富である」とし、青木医師の供述を採用し、「これに反するＹ供述は採用できない」として、永岡さんに無罪判決を言い渡した。これに対し検察官が控訴したが、控訴審判決（名古屋高裁2021〔令和3〕年9月28日判決）は、Ｙ医師についての原審の認定を支持するとともに、Ｎ医師の原審公判証言について、次のように述べた。「揺さぶり行為以外にも多発性・多層性網膜出血が生じたという事例を示す文献の存在を認めつつも、このような事例については、『目撃者がいない』『客観性がない』などとしてその事実関係自体を否定しようとする証言をする一方で、自らの見解に沿う事例については、『目撃者がいなくても揺さぶりであるとはいえる』などと擁護するなど、客観性を極めて疑わしめる証言をしている部分があるほか、結論部分についても、『血液凝固に異常がない以上、多発性・多層性網膜出血の原因として家庭内で起こるものとして考えられるのは揺さぶられっ子症候群のみである』から『Ｃちゃんの多発性・多層性網膜出血は揺さぶり行為によって生じたものである』と、結局のところ、反論に対して客観的、合理的な検討を加えることなく、

自らの見解を押し通そうとするかのような証言をしたものと理解できる」。裁判所の医師証言に対する認定としては、異例とも言うべききわめて厳しい批判である。

　当然のことながら、検察官の控訴は棄却され、検察官は上告を断念した（2021年10月12日上告断念を発表）。

（5）まとめに代えて

　弁護側で証言に立たれた青木医師は、アメリカでSBS仮説が信じられるようになった1984年に、英語論文で低位落下等による中村Ⅰ型の症例を報告し、三徴候から安易に虐待と決めつけることに対し、強い警鐘を鳴らした。本件のようなソファからの落下は、中村Ⅰ型の典型例であり、稀とは言え、重症化してしまうのである（消費者庁の調査によれば、子育て世代の約40パーセントが、ベッドやソファからの赤ちゃんの低位落下を経験しているという）。低位落下では三徴候が生じないかのような誤った仮説は、低位落下の危険性を軽視することになりかねない上、養育者への誤った訴追や親子分離を生んでしまうリスクにつながる。きわめて深刻である。翻って、永岡さんが、夫ともにCちゃんを心から愛し、大切に育てようとしていたことは明らかであった。誤った訴追や親子分離は、決してチャイルドファーストなどではない。SBS/AHT仮説の冷静な見直しが必要である。

（第一審）岐阜地判令和2年9月25日判時2491号99頁
（控訴審）名古屋高判令和3年9月28日判時2528号116頁（確定）

（大阪弁護士会）

2 当事者の思い

私のような苦しみを味わう方が出ないことを願う

永岡麻美（ながおか・あさみ）（仮名）

　この事件でSBSを疑われたお母さんは、2017年6月に起訴されて以来、2020年9月に地裁で無罪判決となりましたが、検察官の控訴により、2021年9月の高裁での無罪判決まで、実に4年以上の裁判を闘うことを余儀なくされました。2020年9月25日の一審判決、2021年9月28日の高裁無罪判決、その後の検察官による上告断念の際に、お母さんは報道機関に対し以下のようなコメントを発表されていますので、ご紹介します（一部編集しています）。

一審無罪判決時のコメント

　今回の裁判の起訴内容はすべて誤りで事実無根でした。私は息子に対して一切の暴行を加えたことはありません。息子が重篤なけがをしてしまった原因はソファから落下したことによるものであり、あまりに軽率な行動だったと深く反省しています。なんであの日に限って目を離したんだと、自分で自分に怒りをぶつける日々です。

　逮捕、起訴は不当だったということになります。虐待児を直接診察などしたことのない内科医が書いた鑑定書と、非常に問題のある眼科医の意見書をうのみにして、逮捕にふみきったということ、どうしてこんなことがまかりとおったのか理解できません。

　私以外にたくさんの方々が同じような目にあっているので許せないです。無罪を勝ちとれても、すぐにもとの生活が戻るわけではありません。逮捕されてから判決までの時間は3年以上でした。とてつもなく長い時間です。ふつうに3年間過ごすのとは全然違います。その時間は絶対に巻き戻せません。本当なら警察や検察、協力した医師たちにその時間を返してほしい。事故当初、児童相談所の指示で面会制限

をつけられていた時間も返してほしいのです。

二審高裁判決の際のコメント

率直に無罪判決が出てほっとしました。昨年の一審に続き、高裁にも正しく判断していただけて、本当に安心しました。

控訴されてからこの1年、まだまだ肩の力が抜けない状況に苦しさや不安でたまりませんでしたが、息子の存在、周りの存在に支えられて、何とか今日まで来ることができました。

検察の上告断念により無罪判決が確定した時のコメント

やっと終わった、という思いです。でも被告人という立場に置かれていた事実は消えないし、その時間が返ってくることも無いので、本当に心から喜ぶ気持ちにはなれないでいます。

それでも、一審・二審で正しく、とても丁寧に判断をしてくださったそれぞれの裁判所には感謝しています。そして、何より、ここまでご尽力くださった弁護人の方々、ご協力くださった専門医の方にも、感謝しかありません。

SBS事案での無罪判決は増えてきていますが、この問題で苦しんでいる方々は大勢います。これ以上、私のような苦しみを味わう方が出ないことを願っています。

4 小田事件

1 事実関係を冷静に分析しなかった警察・検察

むらい ひろあき
村井宏彰　弁護士

事件経過一覧	
2017年	
1月13日	Dちゃん（生後1か月）、両親と初めての外出。夜に容体が急変、緊急搬送
3月22日	Dちゃん亡くなる
10月3日	小田さん、逮捕
10月22日	小田さん、傷害致死罪で起訴
2019年	
11月8日	保釈
2020年	
2月7日	東京地裁立川支部、無罪判決。検察官が控訴
2021年	
5月28日	東京高裁、検察官の控訴を棄却。無罪確定

（1）事案の概要

　何らの原因もきっかけもなく突然豹変して、愛くるしい我が子を暴力的に揺さぶる親はいない。

　その日小田さんは、妻と愛娘のDちゃんと一緒に穏やかな時間を過ごしていた。生後1か月経ったDちゃんを連れて初めて家族3人で外出し、夜帰宅後はいつものように妻と協力してDちゃんをお風呂に入れる。仕事で忙しい毎日の中、家族と過ごす幸せな時間だった。妻との口ケンカも言い争いはまったくなく、Dちゃんが泣き止まないようなこともない。小田さんが豹変する原因もきっかけも何一つなかった。妻はDちゃんを寝かしつけた後入浴に行き、小田さんはベランダに

出てビールを飲んでいた。

　20分後に妻が戻ると、Ｄちゃんが急変していた。顔面蒼白で息を
していないようだった。妻の悲鳴を聞いた小田さんはベランダから駆
けつけ、Ｄちゃんをカーペットに下ろして必死で心臓マッサージをし
た。妻も小田さんも、突然のことに激しく動揺していた。Ｄちゃんが
吐いてしまったので、台所に移動させてなおも心臓マッサージをした。
しかし、Ｄちゃんは緊急搬送された約2か月後、亡くなってしまった。

　以上のような話を、小田さんも妻も、警察、病院、児童相談所に対
して繰り返し訴えたが、信用してもらえない。Ｄちゃんが急変してか
ら約9か月半後、小田さんは逮捕された。妻が入浴していた20分の
間に、Ｄちゃんを暴力的に揺さぶり、2か月後に死亡させたというの
である。「SBSの権威の医師」による鑑定が根拠だった。Ｄちゃんには、
三徴候（急性硬膜下血腫、脳浮腫、左目網膜出血）に加えて多発性の肋骨
骨折があった。

　逮捕後、弁護人の助言により黙秘を貫く小田さんに対して、捜査一
課の担当刑事は「SBSの権威の先生（医師）が、暴力的揺さぶり以外の
原因は考えられないと言っている」と小田さんの犯行を断定し、「男
として人の親として姑息すぎる、人の親である自覚はあったのか」「警
察は負けるケンカはしない、私も今まで一度も負けたことがない。
黙ってないで正々堂々とやり合おうよ」などと厳しく追及した。その
挙句、「もし2人めの子どもが生まれても、どうせ同じことをやって
いたんだろう！」などと、非人道的で屈辱的で、許しがたい文言を並
べてたた（なお、取調べはすべて録音録画されていた）。

　何名もの医師にご協力いただき明らかになったＤちゃんの急変の真
相はこうだった。

　① Ｄちゃんには、本件の約1週間前から、鼻水が出たり顔色が真っ
白くなったりする「前駆症状」があった。

　② 急変当日、妻の入浴後にＤちゃんの呼吸が停止し、顔面蒼白と
なった（なお、赤ちゃんの呼吸は様々な原因で容易に停止しうる）。

③ 当時95kgの小田さんが全力で心臓マッサージをし、多発性肋骨骨折が生じた。

④ 激しく動揺していた小田さんがDちゃんを抱えてカーペットから台所へ移動する間、Dちゃんの頭をどこかにぶつけ、対側損傷による脳挫傷が原因で急性硬膜下血腫が生じた。

⑤ 脳がダメージを受けたので、脳浮腫が生じた。

⑥ 脳浮腫で頭蓋内圧が高まり、静脈がうっ血し、網膜出血が生じた。

（2）控訴審は、検察官の立証責任の看過を厳しく批判

　裁判員裁判による第一審は、小田さんを無罪とした。検察官が控訴したが棄却され、小田さんの無罪は確定した。控訴審は、三徴候から遡って１つの原因（暴力的揺さぶり）を推認するSBS仮説に依った検察官の主張立証に対して、「三つの症状がたまたま併存したとするのは『医学的に』不合理であるとして一個の原因によることを前提とする所論は、（中略）他にそれらの症状が生じた原因が合理的に考えられないことに関する検察官の立証責任を看過するものである。」と正面から批判した。

　小田さんを取り調べた刑事は今、自身の言葉をどう思っているだろうか。「権威の先生がそう言っていたので間違いないと思った」では済まされない。なぜ事実関係を冷静に分析しなかったのか。小田さんの想像を絶する苦しみを想うとき、改めてやりきれなさを感じる。

（一審）東京地裁立川支判令和２年２月７日LEX/DB25564820
（控訴審）東京高判令和３年５月28日判時2528号102頁（確定）

（東京弁護士会）

2　当事者の思い

虐待ありきで、こちらの言い分を一切聞いてくれない捜査、取調べ

小田雅矢（おだ・まさや）（仮名）

　一審の判決から 3 年、事件からは 6 年が経ちました。

　娘を授かってとても幸せだった事件の前の自分と、警察によって何もかも奪われた後の自分、2 人の自分がいるように感じます。それは、もう 1 人の自分がいつも横を歩いているようなものです。

　本当にひどい捜査、取調べでした。虐待ありきで、私や家族の皆が違うと言っても、一切聞いてくれませんでした。「権威ある先生がそう言っている」として、他の可能性を全く考えないという姿勢でした。

　逮捕されてからの経験は凄まじく、逆境どころか、どん底としか言えません。何の前触れもなく妻からの離婚届が弁護士さんを通じて届いた時などには、死ねば娘のところに行けるとさえ思いました。それが勘付かれたのか、拘置所の職員が監視を強めて、真冬に長袖を全部取り上げられたこともあります。

　虐待ありきで捜査を強行したからこそ、あのように事実が捻じ曲がった裁判になったのだと思います。客観的な立場から見たら、検察官の主張が最初から最後までおかしかったことがすぐに分かるはずです。そのおかしさに気付いたのでしょうか。娘が救急搬送された病院で担当していた救命医の先生が検察側の証人として出廷していたのが、証言が終わった後に私のところに来て、涙ぐみながら「こんな形で再会することになり申し訳ありません。D ちゃんのことを助けてあげられずに申しありません。」と謝ってくれました。自分はその場で号泣しましたが、今思い出しても目頭が熱くなります。真に中立で素晴らしい先生だったと思います。弁護士の先生方を信じていたので、無罪

になることは一審の公判中に保釈された段階で確信していました。

　警察の捜査や裁判の間ずっと信じて支えてくれた仲間は、私が裁判後に立ち上げた会社を一緒に切り盛りして、今も支え続けてくれています。逮捕がなければ、同じように会社を起こしていたでしょう。その意味で、今は最悪の状況ではありません。しかし、あの頃の幸せを失ってまで手に入れたかったものかと問われれば、そうではありません。

　娘がどうして亡くなったのかは、結局のところ最後まで誰も分かりませんでした。ただ、たとえ娘を失ったとしても、警察の捜査がなければ家庭が崩壊することはなかったと思います。逮捕されたあの2017年10月3日がなかったら自分はどうなっていただろう、失われたあの家庭は逮捕がなかったらどうなっていただろう、それをずっと考え続けて歳を重ねていくだろうと思います。前に進みながらも、「なんかもう1人いるな」という感覚、もう1人の自分がいるという感覚は一生変わることはありません。常にその存在が横にいる、意識している、頭の中にあります。

　虐待えん罪がまた起きて同じような思いをする人がいないように、そのために私の経験を伝えていけたらと思っています。

（インタビューに基づいて作成したものです）

かわかみひろゆき
川上博之 弁護士

ケース 5 市谷事件

1 「三徴候＝激しい揺さぶり」という決めつけが かたちを変えて起きたえん罪

事件経過一覧

2017年

6月26日	市谷さん、Eちゃん（生後4か月）を抱っこ紐で縦抱きして託児所から帰宅
6月27日	市谷さんが同様にしてEちゃんを託児所に預けた1時間後、Eちゃんの容体が急変、病院搬送
10月3日	市谷さん、逮捕
12月	市谷さん、傷害罪で起訴

2020年

12月4日	大阪地裁、無罪判決

＊検察官が控訴を断念し、無罪確定

（1）事件の概要

　本件は、当時生後4か月の男児に対し、母親がその身体を揺さぶるなどの暴行を加えたと疑われたえん罪事件である。

　まずその事実経過からして、虐待と疑うには無理があったと言わざるを得ない。事件当日、母親は男児を託児所に預けている。急変した男児が病院に搬送されたのは託児所で1時間ほど経過した後であった。家庭内で起きた事件ではないのである。

（2）「多層性多発性眼底出血＝激しい揺さぶり」という理屈

　病院に搬送された男児には、急性硬膜下血腫のほか、慢性硬膜下血腫、多層性・多発性といえる眼底出血がみられたが、その他に虐待を

疑わせるような所見はなかった。三徴候の一つとされる脳浮腫・脳実質損傷は認められなかったのである。

　本件で母親による虐待が疑われた原因は、検察官が唱えた「多層性・多発性の眼底出血は（事故などを除き）激しい揺さぶりでないと生じない」という誤った意見である。そして「揺さぶりをする動機は育児に疲れた母親にしかない」という根拠もなくかけられた疑いであった。

　この「多層性多発性眼底出血＝激しい揺さぶり」という理屈は、かつて問題視された「三徴候＝激しい揺さぶり」という決めつけが変化したものである。かたちを変えてもえん罪の危険性が内在するのは同様である。裁判では、眼底出血は時間の経過とともに当初単層性だったものが多層性になることや、層ごとの出血の吸収速度の違いによって当初多層性だったものが後に単層性として観察されることが確認された。また、外傷でなくても多層性多発性の眼底出血が起きた症例があり、本件とも共通点があることなどを主張した結果、激しい揺さぶりが加えられたとするには合理的な疑いが残るという判断にいたった。

　男児の出血原因としては、弁護側が主張した、「慢性硬膜下血腫の影響で血管が切れやすくなっていた男児を、抱っこ紐で縦抱きして自転車で走行したことによる頭部の揺れが原因である可能性」が認められた。この慢性硬膜下血腫の存在は虐待行為を示唆するものではないし、その存在に家族が気づけるものでもない。この運転態様は、転倒なども含めて危険が伴うものであり、本来は不相当なものであったかもしれないが、一方で、街中でいくらでも目にすることがあるものである。この危険性に対して、検察側証人の医師らは、自らの見解に拘泥するあまり、「そんなことでは負傷しない」と言った。今後も同じような症例を生まないために、本来はもっと危険性が提唱されるべきであるのに、これでは真逆なのである。

　「激しい揺さぶりでないと重大な結果は起きない」といった誤ったメッセージは、乳幼児の取扱い方を誤らせ、かえって危険な目に合わ

せてしまう弊害もあるといえるだろう。

(3)「公益の代表者」である検察官の正しい姿勢とは
思えない

　本件で被告人とされた母親は、多くの親がそうであるように、初め
ての育児に苦労し悩むこともあった。しかし、福祉関係者に子育ての
方法を相談したり、子どもの状態が少しでも悪くなるとそのたびに病
院に通うなど、不器用ながらもまっすぐに愛情を注ぎながら子育てを
行っていた。本件事件前の1週間の予定をみれば、男児がミルクを吐
きがちだったために何度も心配して病院に通い、医師に検査を依頼し、
医師の意見を受けてから託児所に預けていた経過が確認できた。なお、
脳の検査については医師が不要と判断したために実施されていなかっ
た。この検査があれば未然に防げた可能性もあった事案である。

　このように、母親が医療・福祉関係者に相談した事実について、検
察側はあろうことか「母親はストレスを抱えており犯行の動機があっ
た」と評価した。当然ながら判決では一蹴されたが、このような主張
がなされるのであれば、育児に悩んでも、医療や福祉機関を安心して
利用することもできなくなるだろう。

　「起訴した以上は有罪に」という歪んだ使命のために、一体どれだけ
の弊害が生まれているのだろうか。それが「公益の代表者」である検
察官の正しい姿勢とは思えない。

（一審）大阪地判令和2年12月4日LEX/DB25571223（確定）

（大阪弁護士会）

2　当事者の思い

事件に関わった医師、児童相談所職員、警察官・検察官は、自分の問題として振り返って欲しい

市谷あかり（いちがや・あかり）（仮名）

　事件の前後で、大きく印象が変わったことがあります。

　一つ目はお医者さんに対する信頼です。私は今回の事件が起きる1週間ほど前から子どもの様子がおかしかったので何度も病院に通っていました。十分な検査はしてくれず、不安はありましたが、それでもお医者さんの問題ないという言葉を信じていました。しかし、事件が起きた途端、お医者さんは私の虐待を疑ってきたのです。

　裁判になってからの検察側のお医者さんの意見も、その場しのぎを繰り返すばかりの酷いものでした。こんな人たちに私は自分や家族の命を委ねていたのかとショックを受けました。

　唯一、弁護側から証言してくれたお医者さんは、当初もっと検査をすれば防げたということを含めて、全てを説明してくれたのが救いでした。

　もう一つは警察に対する印象です。取り調べは今でもトラウマになっています。ちゃんと話せばわかってくれるだろうという考えは全く通用しませんでした。決めつけて、押し付けてくるばかりでした。これまでの、私が頑張ってきた子育てには間違いはあったかもしれません。しかし、全部を乱暴に壊されたような気持になりました。当時は、最初についていた国選の弁護士さんが接見を長時間して取調べを休ませてくれたことが救いでした。

　逮捕後はもちろん、起訴されても接見禁止がついており、家族とも会えませんでした。

　自分のこともそうですが、残された家族のことが心配でした。して

あげられることを必死で考えましたが、私はノートに書きだすことまでしかできませんでした。

　私選の弁護士さんがついてから、接見禁止が解除され、ようやく保釈が認められました。きちんと自分の言い分を主張し、闘っていく道が見えて、目の前が開けたように思いました。

　私の場合には、児童相談所が寄り添う姿勢を見せてくれたことは、警察に比べて良かったと思います。マニュアル通りだったかもしれませんし、疑いを持たれていることは本当につらかったです。従わないと子どもが返ってこないという気持ちもあり、どういう態度をとるかは本当に悩みました。それでも、疑いだけでなく一緒に考えるという姿勢も示してくれたのは、後にも続いていく関係性を築くうえで大きかったと思います。

　ありもしない疑いをかけられたときには、親は児童相談所を突っぱねたくなるのが普通だと思います。児童相談所の方は、それが普通だと思って関係性を作るための姿勢を示し続けてほしいと思います。

　判決が出て、子どもが帰ってきてくれたのは嬉しかったですが、失ったものも多すぎました。みんなが普通と思うようなことを、やっと少しずつ取り戻せてきています。嬉しいことがあるたびに、反面、もっと見たかったな、もっと一緒にいてあげたかったなと思うことがあります。

　改めて振り返って、悔しかったり、辛かったり、思い出すことはいくつもあります。それでも「誰か1人が悪い」ということが出来ないのがこの問題だと思うのです。そうだからこそ、責任転嫁をせず、お医者さんも、児童相談所の人も、警察や検察も、関わった人はそれぞれ、自分の問題として振り返って欲しいと思います。

　これからこうした問題に取り組む人にとっても、何か伝われればいいなと思います。

6 菅家事件

1 つかまり立ちからの転倒を虐待と誤認され逮捕された事案

陳愛　弁護士

事件経過一覧	
2017年	
8月23日	Fちゃん（生後7か月）ソファでのつかまり立ちから転倒、病院搬送
10月9日	警察による家宅捜索、事情聴取
11月8日	Fちゃん退院と同時に児童相談所により一時保護。両親を呼び出している間に連れ去られる
2018年	
5月24日	警察による事情聴取
7月11日	警察による事情聴取
9月27日	菅家さん、逮捕、取調べ
9月29日	釈放
12月28日	検察官が不起訴の判断を下す
2019年	
3月27日	Fちゃん、自宅に戻る

(1) 事件の概要

2017年8月のことである。当時生後7か月のFちゃんはソファーにつかまり立ちをしたとき、バランスを崩して後ろに勢いよく転んでしまった。フローリングに後頭部をうち、泣き出してしまった。すぐそばの台所にいた母親の菅家かおりさん（仮名）はすぐにかけより、Fちゃんをあやした。Fちゃんは大きな声で泣いていたが、突然大きく息を吸い、脱力した。菅家さんは、かかりつけの病院に電話したがつながらず、救急車を呼び、Fちゃんは関西医科大学付属病院に搬送さ

れた。

　病院でCT撮影をしたところ、急性硬膜下血種があることが判明し、大阪市立総合医療センターに転院後、手術が行われた。病院から児童相談所に通告がなされた。また、10月には警察が菅家さん宅の家宅捜索と菅家さん夫婦の事情聴取を行った。菅家さんは、ありのまま当時の状況を説明した。

　事故の後、菅家さんは毎日、Fちゃんに付き添った。障害が残らないよう、少しでも早く回復するよう、Fちゃんの体を触ったり、手足を動かしたり、リハビリを繰り返した。Fちゃんの体調は回復し、退院間近になった。

　11月8日、菅家さん夫婦は児童相談所に呼び出された。そこで、職員から「Fちゃんを一時保護した」「施設入所に同意をすれば、面会できるようになる。同意しなければ面会はできないし、どこにいるかも教えられない」と突きつけられた。菅家さん夫婦は泣く泣く、施設入所に同意した。

　一時保護から8日後、はじめて菅家さん夫婦とFちゃんの面会が実現した。その後も、面会は1週間に一度、わずか1時間だけしか認められなかった。菅家さん夫婦は、一日も早くFちゃんを自宅に戻すことができるよう、警察には捜査に協力をするので早く捜査を進めてほしいことを申し入れていた。また、脳神経外科の専門医に、Fちゃんの症状がどのようにして起こったと考えられるか、鑑定を依頼した。

（2）誤った捜査、身体拘束

　翌2018年5月、菅家さん夫婦は警察の事情聴取を受けた。取調べを担当した警察官は、菅家さんが故意にFちゃんに暴行を加えた、と決めつけている様子だった。弁護人から、警察に対し、専門医の鑑定書を提出した。専門医の意見は「つかまり立ちから後方への転倒により本件の硬膜下血種が発生したと考えられる」というものであった。しかし、9月27日、菅家さんはFちゃんへの傷害容疑で逮捕された。

9月28日、弁護人は、大阪地方裁判所に勾留請求を却下するよう求め、意見書を提出して裁判官と面談した。意見書には、スウェーデン行政最高裁判所判決の翻訳、笹倉香奈教授の論稿「乳幼児ゆさぶられ症候群とは」、菅家さんの夫の陳述書を添付した。

　同日、大阪地方裁判所令状部が菅家さんを勾留する決定をしたため、ただちに準抗告を申し立て、裁判官と面談した。9月29日、大阪地方裁判所第15刑事部は、「勾留の必要性は認められない」として、勾留請求を却下した。

　菅家さんは、27日から29日まで、不当な身体拘束を受けた。その間、取調官は菅家さんに対し「子どもを返したら今度こそ殺される」「Fの頭はすかすか。一生障害者」「お前は異常」「子どもは親の背中を見て育つねんぞ。お前の背中なんて見せられへんやろ」等、聞くに堪えない言葉を浴びせ続けた。

（3）本件から学ぶべきこと

　2018年12月28日、菅家さんは嫌疑不十分として不起訴となった。その後、Fちゃんが家族のもとに戻るまでは、さらに3か月の時間を要した。菅家さんを不当に拘束したうえ、人格を傷つける言動を行った大阪府警本部から、菅家さんに対する謝罪は一切ない。また、Fちゃんが親の愛情と最適なリハビリを受けることができたかもしれない1年半の月日も、戻ってくることはない。

　本件では、事故により傷害が生じたことを専門医が明らかにしていた。この意見を黙殺し、「頭部外傷＝虐待」と決めつけられたために、誤った捜査、親子分離が起こった。われわれは、真摯に、謙虚に、事実と向き合うべきである。本当に、外傷だけで虐待を認定することができるのであろうか。医師の意見が複数ある場合に簡単に一方を排斥すべきではない。誤った捜査、親子分離が、家族に取返しのつかないダメージを与えることを忘れてはならない。

（大阪弁護士会）

2　当事者の思い

息子とまた引き離されるのではないかと不安でいっぱい

菅家英昭（かんけ・ひであき／かおりさんの夫）

　親として息子が大怪我してしまったことへの負い目は消えません。
　まさか、つかまり立ちから転んで大怪我をするなんて思ってもみませんでした。ましてや、虐待を疑われるなんて、息子を連れていかれるなんて、逮捕されるなんて思ってもみませんでした。調べてくれれば分かる、話せば分かってくれると思っていました。
　児相には「虐待の可能性がゼロではないから保護した」「疑わしきは保護なんだ」と言われましたが、された方からすれば突然に人さらいにあったのと変わりません。控え目に言っても過剰介入でやり過ぎです。息子が入院していた2か月半の間は制限なく面会でき、毎日看護していたのに突然引き離された意味が分かりません。

　妻は逮捕され事実無根の虐待と決め付けた酷い取り調べを受け心に傷を負いました。勾留請求が却下され、人質司法には屈しませんでした。しかし、人質児相には屈してしまいました。施設入所に同意しないと息子の居場所を教えないし面会もできない、と同意を迫られました。施設入所など嫌でしたが、面会と引き換えに承諾してしまいました。承諾せず面会できる道を探るべきだったと後悔しています。
　面会できたといっても週に1回1時間だけです。息子を乳児院において親だけ帰らなければならず涙が止まりませんでした。息子が心配で心配で一緒に暮らせず辛くて苦しい毎日でしたが、僅かな時間でも息子に会えるのが心の支えでした。人質児相に負けてしまい児相から息子を守れず、無力さを思い知らされました。

息子には重い障害が残りました。引き離されている間にてんかん発作が始まりました。一緒に暮らせていたら、もっと早く治療を始められたのに、もっと良い治療やリハビリを受けさせてあげられたのに、との思いです。できるだけ障害が残らないように息子の環境をより良くしてほしいと要望しましたが、最低限の治療とリハビリしか受けさせてもらえませんでした。乳児院は協力すると言ってくれましたが、児相は「前例がない」と応じてくれませんでした。乳児院に入れられている間はよく風邪を引いていて中耳炎にもなっていましたが、帰ってきてからは中耳炎にならず、ほとんど風邪も引いていません。帰ってきてからは、てんかん発作も治まりました。

　児相は子どもの最善の利益を掲げていますが、何が息子の利益になったのか教えて欲しいです。不利益しかなかったです。これが福祉だというのなら福祉ってとてつもなく恐ろしいものだと思います。

　息子と引き離されたのはトラウマになっていて今でも療育園や通院で少しでも息子と離れなければならないことがあったり虫刺されをどうしたのかと聞かれたりすると、また引き離されるのではないかと不安でいっぱいになります。

　息子が怪我をした後、複数の医師の見解を聞き、自分なりに転倒で起こることについて調べたりしました。私たちは専門家ではありませんが、それでも、息子の怪我が事故によって生じたと考えることがもっとも整合的であると思いました。それにもかかわらず、児相から虐待を決めつけられ、息子と私たちが辛い思いをしたことがとても悔しく、残念でなりません。

ケース

7 田中事件

1 事故による親子分離・面会制限の違法性が
認められた事例

<ruby>秋<rt>あき</rt></ruby><ruby>田<rt>た</rt></ruby><ruby>真<rt>まさ</rt></ruby><ruby>志<rt>し</rt></ruby> 弁護士

事件経過一覧

2018年

冬	Gちゃん（生後1か月）、低位からの落下。入院
事故2日後	Gちゃん、児相談所により一時保護
事故8日後	児童相談所による家庭訪問。児童相談所がT医師に鑑定を依頼
事故18日後	Gちゃん、乳児院に移され、田中さんは面会禁止となる

2019年

事故63日後	児童相談所、一時保護の延長承認を家裁に申立て
事故72日後	予防接種に同行し、田中さんGちゃんに面会制限されてから54日ぶりに会う
事故92日後	家庭裁判所が、家庭への引き取りに向けた準備期間として延長を認める
事故142日後	田中さんに乳児院の施設名がようやく知らされ、Gちゃんとの面会が始まる
事故約8か月後	Gちゃんの一時保護が解除

　＊その後、田中さんは大阪府に対して国会賠償訴訟を提起

2022年

3月24日	大阪地裁、児童相談所の対応の一部を違法として府に損害賠償を命じる。府は控訴

※当事者、お子さんのお名前、時系列の表記はそれぞれのご希望に沿って記載しているため、このケースでは他のケースと表記が異なっています。

(1) 事案の概要

　2018年、家庭内の低位落下により、頭部に怪我を負った生後1か月の赤ちゃんGちゃんについて、虐待の疑いがあるとして大阪府内の

児童相談所が一時保護をした。母親の田中さんは、愛情を持って子育てを一生懸命にしており、虐待を疑わせる事情は皆無であった。落下についての田中さんの説明は、一貫し、客観的状況とも矛盾はなかった。頭蓋骨骨折と頭血腫（頭蓋内出血ではない）は認められたものの、いずれも程度は軽く、特に治療も必要ないとの診断であった。一時保護をした児童相談所も、田中さんが真摯に子育てをしていたことを認め、念のために入院したGちゃんを一時保護したものの、田中さんの面会を制限することもなく、母乳の授乳も認めていた。児童相談所の方針が突然変わったのは、一時保護から約3週間後、児童相談所から依頼を受けた法医学者であるT医師が、揺さぶりを含む虐待があったという鑑定をしたことが契機であった。

児童相談所は、田中さんをセンターに呼び出した上で、その隙にGちゃんを退院させ、乳児院に入れたのである。そして、田中さんには、Gちゃんがどこの乳児院にいれられたかを教えなかった。事実上の面会制限であり、親子分離である。田中さんは、Gちゃんに母乳をあげることもできなくなった。

児童相談所は、児童福祉法28条に基づく施設入所の許可を家庭裁判所に申し立てる方針を決め、原則2か月の一時保護の延長を家庭裁判所に申し立てた。家庭裁判所は、田中さん側が提出した脳神経外科の意見書などからT医師の鑑定に疑問をもち、延長は認めたものの、一時保護の解除に向けた検討を求めた。実際、T医師の鑑定は、頭蓋内出血があるなどとCTを誤読し、根拠もなく揺さぶりがあったとする一方、読影の根拠となった資料も添付せず、本文わずか1ページのずさんなものであった。SBS仮説の問題点を知るものには、その誤りは明白であったが、素人目にも不自然、不合理なものだった。

しかし、児童相談所は、当初の方針に拘泥し、その後も面会制限を続け、家庭裁判所へ施設入所許可審判の申立を行った。家庭裁判所は、田中さんの訴えを認める形で、児童相談所に対し、再統合の手続を進めるように勧告した。その結果、児童相談所は、一時保護を解除し、

施設入所許可審判の申立を取り下げるに至ったが、結局、一時保護が解除されてGちゃんが田中さんの元に戻ってくるまでに、実に8か月を要した。そのほとんどの時間、田中さんはGちゃんに母乳をあげることができず、お食い初めなどのお祝いもできなかった。

　田中さんは、一連の児童相談所の対応を違法として、大阪府を相手に国家賠償訴訟を提起した。2022年3月24日、大阪地裁はT医師の鑑定を鵜呑みにして、事実上の面会制限を続けた児童相談所の対応の一部を違法として、大阪府に損害賠償を命じた（府が控訴）。

（2）医学鑑定と児童相談所の対応の問題点

　本件の最大の問題点は、SBS仮説を誤解しただけのT医師のデタラメな鑑定である。T医師に限らず、日本の多くの医師は、SBS仮説を深く理解しようともせず、画像診断の能力もないにもかかわらず、表面的な理解に基づき、揺さぶりと決めつけてしまう。

　児童相談所も、医師の意見を鵜呑みにするだけで、漫然と親子分離を続けたと言わざるを得ない。そこには誤診による親子分離が、親子の重大な権利を侵害し、時として取り返しのつかない結果を招くという発想がない。不合理な親子分離は、それ自体が「虐待」である。SBS仮説による虐待論を主導する立場は、多機関の連携により、虐待かどうかを慎重に判断しているとするが、その実態は、SBS仮説を鵜呑みにした思考停止であり、無責任体制であると言うほかない。根本的な見直しが必要である。

（第一審）大阪地判令和4年3月24日LEX/DB25572158

（大阪弁護士会）

2 当事者の思い

会いたいのに会えない。抱っこしたいのに抱っこできない

田中ちえ（たなか・ちえ）（仮名）

　私は生後2か月のときのGちゃんに会ったことがありません。すごく会いたかったし、抱っこもしたかった。もうでもそのGちゃんに会えることはありません。

　娘と会えなくなった日。私は児相に呼び出され、その間に娘は病院から連れ去られました。病院のベッドでおててやあんよを動かし、機嫌よくベッドメリーを見ている娘に「ちょっと行ってくるね。すぐ戻ってくるからね」と声をかけ、病室を出ました。そのときは、まさかこの後2か月も娘に会えなくなるなんて思ってもいませんでした。娘のケガが虐待ではないことを、児相にもすぐわかってもらえると思っていたからです。

　でも、児相は私の虐待を疑い続け、長期間、面会すらできない親子分離が続きました。児相の担当ケースワーカーのMさんは、国賠の証人尋問で、私について「すごく真面目で、お子さんに対しても愛情を持った方だと私は思っています」と述べました。

　そう感じているのであれば、T医師の鑑定書を鵜呑みにせず、目の前の私と娘ときちんと向きあってほしかった。他の事案と比べて、限りなくゼロに等しい虐待の可能性を疑い、固執するのではなく、私と娘にほんとうに必要な支援は何なのか考えてほしかった。

　私は娘を抱っこしているときがとても幸せでした。娘が日々成長していくこと、どんどん重たくなって、いつか抱っこできなくなる日が来ることを知っていたからです。娘と過ごす毎日の一瞬一瞬がかけが

えのない時間で、私の宝物でした。

　はじめて娘が寝返りしたとき、私はそばにいることができませんでした。その瞬間をこの目で見たかった。「がんばれ！　がんばれ！」って応援したかった。

　はじめての寝返りの瞬間がどんなのだったのか、私は、娘にお話ししてあげることもできません。面会制限が解除されても、面会制限があったという事実はずっと消えません。

　一時保護されたことによって、たくさんの権利を制限された娘。

　果たして、この一時保護は、娘にとって、しあわせだったのでしょうか。

　ただただ漠然と面会制限を続けるのではなく、なぜ面会できないのか、どうしたら面会できるのか、保護者にきちんと説明し、安全に面会できるルールづくりをしてほしいです。

　会いたいのに会えない。抱っこしたいのに抱っこできない。

　必要のない親子分離や面会制限、悲しい経験をする家族がこれ以上増えないことを、強く強く願います。

1 SBS/AHT虐待えん罪と捜査・裁判の問題点

宇野裕明　大阪弁護士会
_{う　の　ひろあき}

（1）捜査段階・裁判段階のいずれにも共通する深刻な問題
1）前提──刑事事件の手続の流れ

　そもそも、刑事事件の手続は、大きく捜査段階と裁判段階に分かれる。

　捜査段階では、事件が発生したことを捜査機関が認知することで、捜査が開始される。SBS/AHT事件では、主に医療機関から「SBS/AHT、すなわち虐待の疑いがある」として捜査機関に通報がなされることで、捜査が開始されることになる。

　捜査機関は、医学的な観点にかかわる証拠（事件に関連する医療記録類、医学文献類、医師の意見など）を収集し、検討する。その結果、養育者が虐待をしたことに間違いがないと考えると、起訴する。起訴によって、事件は裁判段階に移ることになる。

　裁判段階では、裁判所が手続を主宰する。検察官は起訴した事件の立証を行うため、法廷の内外で様々な活動を行う。これに対して、起訴された養育者とその弁護をする弁護人（弁護士）は、検察官の活動に対する反論や反証を行っていく。裁判所は双方の主張立証をみて、起訴された養育者が事件を起こしたことに間違いがないと考えると、有罪の判断をくだす。逆に、間違いがないというには合理的な疑いが残ると考えると、無罪の判断をくだす。

　おおむねこのような流れで、刑事事件の手続は進んでいく。これだけをみると、特に大きな問題はないように思われるかもしれない。しかし、これらの手続には捜査段階・裁判段階のいずれにも共通するきわめて深刻な問題が横たわっている。

2）捜査機関も裁判所も医学的な知見やそれを踏まえた当該事件における専門家医師の意見の当否を的確に判断するのが容易ではない

① 捜査機関（警察・検察）にも裁判所（刑事）にも医学的知見が争点となる事件を取り扱うための専門部署はない

　警察（警視庁、都道府県警察）の一般的な組織編成は、刑事部に捜査第一課から捜査第四課までが置かれており、それぞれ取り扱う犯罪の類型が分かれている。たとえば、捜査第一課では殺人・傷害などの粗暴犯や放火犯などを対象にした捜査を担当することになる。捜査第二課では、詐欺や横領のような知能犯を対象にした捜査を担当することになる。生活安全部や交通部などでも特定の犯罪捜査を担当することになるが、組織編成上、医学的知見が争点となる事件を取り扱うための専門部署は設けられていない。

　検察（検察庁）では、一部の検察庁には特別捜査部（いわゆる「特捜部」）があることもあるが、多くの検察庁では捜査活動の実働を担っているのは各都道府県警察であり、検察庁の刑事部は警察の行う捜査活動を指揮することになる。そのため、検察にも医学的知見が争点となる事件を取り扱うための専門部署はない。

　このように捜査機関に、医学的知見が争点となる事件を取り扱うための専門部署がないことから、医学的な知見が争点となる事件を認知した場合には、医学的な知見に精通していない捜査官が捜査活動を行わざるを得ないことになる。

　次に、裁判所は、民事事件の場合には、一部の裁判所に医学的知見が争点となる医療過誤訴訟を取り扱うための部署（集中部・専門部）があるのに対して、刑事事件の場合にはそのように医学的知見が争点となる事件を取り扱うための専門部署は存在しない。

　そうすると、裁判所（刑事）についても、医学的な知見が争点となる事件が起訴された場合には、医学的な知見に精通していない裁判官が、当事者の主張立証を踏まえた判断を行わざるを得ないことになる。

② 医学的知見の獲得の方法・手段に習熟していない

　医学的知見に精通していないということは、医学的知見の獲得の方法・手段にも習熟していないことを意味する。

　特定の専門領域に詳しくない人が、その専門領域のことを的確に調べて十分な知識を獲得するのは容易ではない。医学の領域についても同じことがいえる。

　もちろん、現代社会ではインターネットが発達していることから、インターネットで「検索」することでそれなりの情報に接することはできる。しかし、医学的知見についてインターネットで検索をしたとしても、そこで得られる情報は、医学的な知識をもたない一般人向けのやさしい情報であくまで総論的な情報に限られる。個別事件での具体的な症状や病態などについて、網羅的で詳細な情報を得ることはできない。

　医学的知見を得る方法としては、医学文献を入手することも考えられる。しかし、この方法も、医学的知見に精通していない人からみれば、「どこ」に行けば「どんな」文献が入手できるのか、についても手探りになってしまうことは否めない。たとえば、医学文献を専門的に取り扱っている書店があることすらわからなければ、医学文献を入手すること自体できないかもしれない。あるいは、医学文献を入手すること自体は可能であるとしても、医学文献も数多あることから、その中のどの文献を入手するべきか、どの記載を信頼するべきか、を判断することも非常に難しい。

　さらに、医学的知見を得る方法として、医学論文を収集することも考えられる。医学論文は、インターネット検索でヒットすることもあるが、そのようにインターネットから容易に収集することができる論文は、公表されている医学論文全体からみればごくわずかにすぎない。医学界には多数の学会がある。そのうちの多くの学会では学会誌を発行している例もあるところ、これらの学会誌に掲載されている論文の多くは通常のインターネット検索ではヒットしない。これらの学会誌

に掲載された論文を逐一探すというのも非常に労力がかかる。海外で発表された論文を収集するとなれば、さらに探すのが難しく入手も容易ではない。あるいは、医師など医療従事者の資格を有していなければアクセスできない場合もある。

　そうすると、医学的知見に精通していない捜査官や裁判官は、医学的知見の獲得の場面でもいくつものハードルを乗り越えなければならず、それらのハードルが乗り越えられなければ、十分な医学的知見を得ることができず、ますます専門家医師の意見を的確に検討することができなくなってしまうという結果が導かれる。

③ 意見を求める医師の選択やアクセスも容易ではない

　捜査段階では、捜査機関が虐待通報を受けることになる。そうすると、捜査機関としては、虐待通報を行った医療機関に所属する医師から意見を聴取することはできる。

　しかし、医療は専門性が極めて高く、臨床における診療科は30以上の領域に分かれている。たとえば、小児科、呼吸器内科、呼吸器外科、循環器内科、循環器外科、消化器内科、消化器外科、腎臓内科、神経内科、乳腺外科、整形外科、脳神経内科、脳神経外科、泌尿器科、産婦人科、眼科、耳鼻咽喉科、皮膚科、形成外科、麻酔科、精神科、心療内科などに細分化されているのが今の医療の実情である。

　そうすると、当該子どもに何が起こったのかを的確に判断するために、まず必要とされるのは、何科の医師に相談するのかよいのかを検討することである。しかし、この場面でも、前述したように医学的知見に精通していない捜査官の場合、適切な診療科の医師を選択できていない可能性がある。

　また、仮に、適切な診療科を選択することができた場合であっても、当該診療科の医師であれば誰でもよいというわけではない。すると、次に、ては「どこ」の「誰」に相談するのか、が問題として浮上する。捜査機関には強い捜査権限があるとはいえ、誰にでも自由に相談がで

きるわけではないため、的確な医師を探し、連絡を取り、相談を受けることの承諾を得なければ、相談に至ることができない。

このように、刑事事件について捜査機関が正しい判断を行うためには、的確な医師の協力を得ることが必要不可欠であるが、それ自体容易なことではない。

また、前述したように、医師の協力を得ることができた場合でも、その医師の意見が本当に妥当であるかどうかを十分検討することが求められるが、かかる検討自体、医学的知見に精通していない捜査官には難しい。

裁判段階では、検察官側は捜査段階でアクセスした医師の意見に依拠することになる。裁判官が独自に当事者が請求する専門家医師とは別の医師にアクセスすることは通常ないため、裁判官に至っては自ら積極的に意見を求めて医師にアクセスすることすらほとんどない。

④ 専門家医師の意見の当否を正しく判断するのが難しい

①で述べたように、捜査機関・裁判所のいずれも、医学的な知見が争点となる事件を取り扱うための専門部署はないため、医学的な知見に精通していない捜査官・裁判官が事件の捜査や裁判にかかわることになることによって生ずる最大の問題点は、専門家である医師の意見がどの程度正しいといえるのかを的確に判断するのが難しいことにある。

特に、専門家たる医師の意見の問題点を検討することはより難しい。なぜならば、専門的な領域である医療分野に関する意見に問題があるかどうかを検討するためには、その前提として医師の意見とその意見を導くために適用された医学的知見の正確性を十分理解していなければならないからである。そうすると、医師の意見を理解するために相当の医学的知見の習得が求められることになる。（2）で述べたように、そもそもそのような医学的知見を習得するためには、必要十分な医学的知見を収集・獲得できる方法・手段を有していなければならないが、それすらも不十分である。さらに、医学的知見を収集・獲得できたと

しても、その内容もまた難解である。難しい概念や想像しにくい人体の構造や変化などを的確に把握していかなければならず、医学的な知見に精通していない場合には非常に労力を要するものとなってしまう。ここまでできてようやく、専門家医師の意見を理解することができる。

しかし、医師の意見に問題がないかどうかを検討するためにはそれだけでも足りない。医師の意見を理解するための医学的知見の習得に加えて、さらにその医学的知見に関連する他の見解の有無や、その医学的知見を裏付けるエビデンスの有無・程度を調査・検討しなければ、医師の意見に問題があるかどうかを見極めることはできない。

そうであるにもかかわらず、前述したとおり、医学的知見が争点となる事件の捜査を担当する捜査官も、裁判を担当する裁判官も、医学的知見に精通していないとなれば、残念ながら、医師の意見がどの程度正しいといえるのかを的確に判断することは非常に難しいものといわざるをえない。

⑤ まとめ

ここまで述べてきたように、捜査段階・裁判段階のいずれにおいても、それらの手続を担当することになる捜査官・裁判官が、医学的な知見に精通していないことから、的確な判断を行うのが難しいことがわかる。このような捜査段階・裁判段階の手続や仕組みの構造そのものが「誤りを生みやすい」ものとなっているといえる。

（2）捜査における問題
1）SBS/AHT仮説自体を疑問視しない姿勢

近時、元検察官や現役の検察官が、SBS/AHT について様々な論文を書いている[1,2]。検察官は、捜査を指揮する立場にあるため、これら

---

1 酒井邦彦「子ども虐待防止を巡る司法の試練と挑戦(1)」研修862号（2020年）17頁以下。
2 田中嘉寿子「虐待による頭部外傷（AHT）事件の基礎知識（上）」警察學論集第73巻8号（2020年）106頁以下。

85

の論文で指摘されている内容は、捜査機関の現状の認識を反映しているものと考えられる。

これらの論文の中で、繰り返し指摘されているのが、AHT共同合意声明の存在である。AHT共同合意声明は、簡単にまとめると、AHTの医学的診断は、多機関連携チームの総合診断で行われており、AHTの診断の医学的妥当性に関する論争はない、という。

つまり、捜査機関の認識として、AHTの診断自体は間違いないものだ、ということが出発点になってしまっていることがわかる。

しかしながら、これまでいくつもの刑事裁判の中で無罪判決が言い渡されてきており、その無罪判決の中で指摘されているのは、むしろ、AHTの診断と虐待事実の認定との間には大きな乖離がある、という点である。

たとえば、名古屋高裁令和3年9月28日判決（判例時報2528号116頁）では「『揺さぶり行為があれば特定の傷害が発生する』という論理が正しいとしても、『他の原因ではその特定の傷害は発生しない』という条件が付加されない限り、『特定の傷害が存在するから揺さぶり暴行があった』ということにはならない」ことを「論理的に当然の事柄」として指摘している。

AHT診断の本質的な問題点は、ある一定の症状があれば、具体的な事実が認定できる、という論理そのものにある。その症状をもたらす原因は、多岐にわたるのである。その中の1つに外力が含まれるとしても、それをもって「外力」のみが原因であると認定することはできないし、ましてや「故意の外力」（虐待）であると断定することはできない。これは、複数の症状を対象にしても同様であって、結局、複数の症状が重畳的に存在しているからといって、その原因が「故意の外力」のみであると認めることはできないのである。AHT診断は、そもそも論理則の誤りを孕んだものであって、医学的妥当性以前に論理的な妥当性を欠いているといわざるをえない。

残念ながら、元検察官も現役の検察官もこの点を十分に理解するこ

となく、AHT診断は正しいという誤った前提を顧みる姿勢は感じられないことからすると、捜査機関としてはSBS/AHT問題が誤った捜査・誤った訴追を繰り返す危険が高いことを理解しているとは思われない。このような姿勢自体が正されるべきである。

2) 養育者の供述を「嘘」と決めつける姿勢

SBS/AHTが問題になる事件では、目撃者がいないことが多い。

そのため、子どもに何があったのかについて、養育者から聞き取りをすることで事実を確認することが必要になる。このとき、捜査機関は、SBS/AHT診断が下されている場合、「揺さぶり暴行などの虐待があったはずだ」という姿勢で、聞き取り（取調べ）に臨み、低いところからの転落・転倒があった、とか、特段の原因なく突如急変してしまったという養育者の供述を「嘘」だと決めつけてくる。

養育者が、いくら説明を尽くしても、捜査官は、その説明に納得することはなく、「そんな軽い転倒では起こらないと医師が言っている」「○○ちゃんのことを本当に考えているのか」などと迫ってくるのが実情である。

このような捜査機関の姿勢に、養育者は深く傷ついている（▶パート2）。同じ経験をした家族らが集まって「SBS/AHTを考える家族の会」（以下、「家族会」という）を立ち上げており、その苦しみ・痛みを社会に発信しているが、家族会の懸命な発信にも関わらず捜査手法や取調べ手法が改められたという話は全く聞こえてこない。

何が起こったのかを本当に見極めようとするならば、養育者の話に耳を傾けることは不可欠である。そのため、養育者の供述を「嘘」と決めつける姿勢についても、直ちに是正されることが求められる。

3) 無罪判決が出ても自らの捜査を顧みない姿勢

たとえば、前掲の元検察官の論文の中では、大阪地裁令和元年10月25日判決（判例時報2476号110頁）を例にあげて、養育者・弁護人

の側が、SBS/AHT ではなく静脈洞血栓症の可能性を指摘したことで無罪になったものの、その主張を否定した検察側医師の見解が判決で信用されなかったことを批判している[3]。

そもそも、この判決では、検察側医師が画像の読影を誤っていることから、「CT画像の読影について、正確な専門的知見を有しているのか、……鑑別診断を正確に行うことができるのかにつき、疑問を禁じ得ない。」として、厳しい言葉で検察側医師の見解の信用性が判断されているが、この点については元検察官の論文の中では全く引用されず、言及されていない。

このように、自らの主張に都合の悪い部分には蓋をして見せないようにし、自らの主張に沿う内容だけを利用して判決を非難するような姿勢では、なぜ、この事例で無罪判決が言い渡されたのかを真摯に振り返ろうという意思を見て取ることはできない。

また、現役の検察官も虐待防止に取り組む学会の中で、ある事件の無罪判決が出た理由について、検察官の立証を裁判所が認めなかったからだ、と発言したようである。これも、まったく判決の述べた無罪の理由を理解しているとはいえない発言であり、自らの捜査や裁判の進め方を振り返ろうという姿勢は窺えない。

そもそも、SBS/AHT問題に限らず、様々な事件で無罪判決が言い渡されたり、一度は有罪判決が確定した事件が再審で無罪になったりしているが、捜査機関が、無罪事件であるにもかかわらず、どうして捜査を進めてしまったのか、どうして起訴してしまったのか、どうして裁判を進めてしまったのかについて、自ら検証したことは一度もない。

過ちては即ち改むるに憚ること勿れ。論語にある言葉である。間違いに気づいたなら、ためらうことなく改めるべきである。我が国の捜査機関にそのような姿勢が全くないところに、怒りの念を禁じ得ない。

3 前掲注1論文24〜25頁。

（3）刑事裁判が抱える問題

1）刑事裁判実務が抱える問題の核心

刑事裁判には原則がある。

それは、「疑わしきは罰せず」「疑わしきは被告人の利益に」という原則、そして、被告人が犯罪を犯したことが間違いないというためには、検察官がその事実を立証しなければならないという原則である。

これは、かつて刑事裁判が、悲惨なえん罪を多数生み出してきた反省に基づいている。

しかし、実際の刑事裁判の実務において、この原則が忠実に守られているとは残念ながらいえない。

SBS/AHT問題においても、検察官の立証が十分かどうかを厳密に判断した裁判例はほとんどなく、むしろ、養育者・弁護人側が自らの潔白を明らかにするために、医師などの専門家証人の協力を得て無罪を立証したというべき事例が多く存在する。

このように「疑わしきは罰せず」の原則や、有罪であることは検察官に立証責任がある、すなわち、無罪であることを養育者や弁護人が立証する責任はない、との原則は、残念ながら、現在の刑事裁判実務上は形骸化しており、実際には、合理的な疑いを超える証明があったとは思われない事例で有罪判決が言い渡されたり、養育者・弁護人の側が無罪を立証して初めて無罪判決が言い渡されるなどしているのが実情であり、極めて深刻な問題となっている。

2）SBS/AHT仮説自体を疑問視しない姿勢

元裁判官によるSBS/AHTに関する論文[4]をみると、「SBS仮説については……否定的見解があるものの、三徴候についてAHTを疑う契機とする見解が、小児科だけでなく小児眼科や小児神経科・放射線科等の専門医においても広く承認されており、その機序に関する専門医

---

4 中谷雄二郎「虐待による乳幼児頭部外傷（AHT）をめぐる裁判例の分析」刑事法ジャーナル70号（2021年）33頁以下。

の説明内容も合理的なものと考えられる」として、三徴候があれば
SBS/AHTと診断できるとの見解を承認しているように読める。

　しかしながら、科学的な正しさは多数決によって決まるものではな
い。その正しさを裏付ける十分なエビデンスがあるか否かによって決
まるものである。

　その意味で、この元裁判官の論文での指摘は、そもそも科学的な正
しさとは何たるかについて理解しているとは到底思えない内容である
と言わざるを得ない。

2 医学鑑定と刑事手続

徳永 光 獨協大学教授

(1) 問題状況

　刑事裁判においても、民事裁判と同じく専門的知見の利用は不可欠であり、また積極的に活用することが求められる。専門知識に十分な裏付けがあり、専門家間で合意された知見となっている場合であれば、非専門家である法律家は、専門家の説明を正しく理解し、具体的な事案へのあてはめが適切であったかを確認すれば足りる。しかし、実際の裁判に登場する専門知識の水準はさまざまであり、専門家間で意見の異なることも少なくない。また、科学も医学も日進月歩であり、依拠すべき専門知識は変化する。SBS/AHT もその典型である。非専門家には、専門家の説明を理解するだけなく、その説明自体が受け入れ可能かどうか、信頼できるかどうかまでをも判断することが求められる。専門知識がないからこそ鑑定を用いるというのに、その専門家の意見を評価し取捨するには専門知識が必要となるという状況は鑑定のジレンマ[1]と呼ばれ、裁判における鑑定の評価のあり方は、長年の課題となっている。

　日本における冤罪の最大要因は虚偽自白であるが、虚偽自白の信用性を裏付ける証拠としてさまざまな鑑定結果が法廷に出され、誤った有罪判決の有力な証拠とされてきた。鑑定を過大評価すること（そして被告人側の問題提起を過小評価すること）も、主要な冤罪原因の一つである。血液型鑑定が問題となった著名冤罪事件（弘前事件、米谷事件、松山事件）の研究においては、「提唱者や提唱者の指導する研究機関とは異なる研究機関や鑑識機関でも追試され、確認された後でなければ、その証拠能力を認めるべきではない」[2]との提言がなされている。基礎

1　中野貞一郎「科学鑑定の評価」同編『科学裁判と鑑定』（日本評論社、1988年）27頁。
2　田中輝和『血痕鑑定と刑事裁判』（東北大学出版会、2002年）171頁。紙幅の関係で事件概要

理論や方法論の有効性が確認されていない段階で鑑定を利用することが、冤罪のリスクを高めるからである。同様の例として、いわゆる足利事件のDNA型鑑定も挙げることができる。

新しいワクチンや薬が実用化される場合は、厚労省による承認を得るまでに何年もかけてデータが集積され有効性や安全性が確認され、市販された後も再審査・再評価が行われる。一方、刑事裁判において専門知識が実用化される（証拠として法廷に出すことが許される）ための特別な審査手続は設けられていない。専門的な検証を経ることは、証拠として用いるための要件とも解されていない。鑑定に起因する冤罪の防止策は、鑑定人の意見を正しく評価しようという個々の裁判官・裁判員の努力に任されているのが現状である。

SBS仮説は、児童虐待が社会問題化していた時代背景のもと世界規模で急速に、主として小児科医らの間で賛同を集め、通説的見解となった。この点は、従来冤罪を生み出してきた、一部の研究機関または個人のレベルで提唱される理論や技術に基づく鑑定とは一見異なっているようにもみえる。しかし、SBS仮説に科学的裏付けが乏しいという指摘が、多数の専門家、専門機関によって行われている[3]点もまた、これまでとは異なる。関係者の規模は大きくより専門的ではあるものの、仮説段階の理論の応用が問題を引き起こすという構造において従来との違いはないのである。

鑑定がかかわる冤罪事件をこれまで経験してきたにもかかわらず、鑑定制度の改革は行われてこなかった。そして、SBS事件において新たな誤判が生み出された。本ブックレットで紹介される刑事事件は、幸い最終的に無罪の結論が出されたが、有能な弁護活動、被告人側の

は略すが、「東北の三大再審無罪事件」とされ、それぞれ殺人等の重大犯罪に対し、懲役15年、懲役10年、死刑の判決が下されており、1980年代に雪冤された。

3　仮説の登場と仮説に対する批判の展開、および近年の議論状況については、笹倉香奈「乳幼児揺さぶられ症候群とは」季刊刑事弁護94号（2018年）10頁参照。「SBS理論の祖」といわれる医師自身が、SBS仮説は証明された医学的・科学的事実でなく、さらなる検証が必要であると警鐘を鳴らしている。同19頁。

優れた医師、見識ある事実認定者という要素が揃わなければどうなっていただろう。裁判においては人的な側面が確かに重要ではある。しかし、制度の改善についても、改めて検討する必要がある。

（2）医学鑑定と刑事手続

1）鑑定人の独立性

鑑定とは、裁判所が（主として）事実認定を行う際に必要な専門知識を補うための制度である。日本の刑事訴訟法は、中立公正な立場にある裁判所が依頼を行う正式鑑定を基本形態としている。しかし現実には、捜査機関の依頼する嘱託鑑定人が、そのまま専門家として採用され、法廷で意見を述べることが多い。嘱託鑑定においては、捜査機関が捜査や訴追の目的で、有罪立証に役立つ意見を提供する専門家を選任する。また、専門家の判断の基礎になる情報は専ら捜査機関から提供される。そのため、嘱託鑑定人の中立性は長年疑問視されている[4]が、運用上は両者に実質的な差は設けられていない。

しかし、捜査機関の鑑定人に対する影響力については、深刻に受け止める必要がある。アメリカでは、死因究明を担当するメディカル・エグザミナーやコロナーの独立性確保が、重要な課題として認識されている。2011年に行われたアンケート調査によれば、336人の回答者中、約23％は公務員から死因等を変更するようプレッシャーを受けたことがあると報告し、約11％は特定の事件において証言を変えるか、専門家として証言しないよう依頼されたと答えている[5]。プレッシャーの中には言葉による威圧だけでなく、解雇・雇止めや訴訟の暗示も含まれる。SBSの文脈においては、被告人に有利な証言を行っ

---

4 東北三大再審無罪事件に関しては、嘱託鑑定人のみの問題ではなく「見込みを裏付ける鑑定結果を期待する捜査・訴追機関との複合的行為」（177頁）であることが指摘されている。

5 アメリカメディカル・エグザミナー協会に属する会員を対象として行われた調査である。回答者の主観的認識を聴くアンケートであり、内容の詳細や具体的事件への影響等は調査されていない。Luzi S.A. Melinek J. Oliver WR. Medical Examiner's Independence Is Vital For The Health Of The American Legal System. 3(1) Acad Forensic Pathol. P.84 (2013), P.86.

た医師が、当該事件で無罪判決を受けた検察官によって偽証罪で起訴された例もある[6]。日本では鑑定人の独立性には基本問題がないものと信じられているが、実証的な根拠に基づくものではない。実態把握のための調査が必要である。

2) 専門家に提供される情報の検討

　専門家であっても、人間である以上、さまざまな認知バイアスの影響を受ける[7]。認知バイアスは、日々大量の情報を効率的に処理しなければならない人間の脳にとって必要な働きであり、無意識に生じる現象とされる。例えば、自分の考えに合致する情報だけを収集し、矛盾する情報を見逃してしまう確証バイアスはその一例である。近年、法科学の領域においても、実験に基づいて、認知バイアスの影響が証明されている。実験の多くは指紋やDNA型など比較を行う法科学領域を対象としたもので、例えば、被告人に関する情報（被告人の検査結果など）をあらかじめ知らされるか否かにより、専門家の結論が変わりうることが示されている。そして、認知バイアスを回避するために、不必要な情報の選別など、専門家に提供される情報をコントロールする方法が提言されている[8]。これに対し、死因究明等の領域において専門家が判断を行う際に必要な情報はより複雑であるとして、情報の管理には否定的な見解もある。むしろ、専門家の報告書に対するピア・レビューを充実化させることが問題解決に役立つという（ただし、主

6　過去に証人として出廷した経歴に関する思い違いを偽証とされ起訴されたものであり、後に無罪とされている。Roland N. Auer, A review of the life of John Plunkett (1947–2018), 5 Forensic Science International: Synergy,p.4 (2022). https://doi.org/10.1016/j. fsisyn.2022.100282

7　法と心理学会の学会誌『法と心理』第17号、「特集　バイアスと冤罪——日本版イノセンス・プロジェクトの実践に向けて」では、捜査機関、専門家、裁判官の判断におけるバイアスが取り上げられている。

8　Adele Quigley-McBride, et al., A Practical Tool for Information Management in Forensic Decisions: Using Linear Sequential Unmasking-Expanded (LSU-E) in Casework, 4 Forensic Science International: Synergy (2022). https://www.ncbi.nlm.nih.gov/pmc/articles/PMC8866671/

流の科学に誤りがある場合、データが隠される場合は上手く機能しない）[9]。
これら2つの対策は、必ずしも両立不能ではない。専門家の協力の下、
バイアスへの対策を講じる必要がある。

3）医学鑑定の評価基準

　現在、科学的裏付けに疑義のある鑑定を、有罪立証の証拠として法
廷に出すことは許されている。法律上、鑑定の証拠能力（法廷で証拠
として用いられるための資格）に関する特別な規定は（伝聞例外以外に）
なく、公判前に審査を行う手続も設けられていない。その結果、仮説
にとどまる主張も、専門家間で異論のみられない知見も区別なく事実
認定者の前に示される。

　アメリカは連邦も州も、専門家証言の証拠能力に関する規定を置い
ている[10]。また判例によって、専門家証言の証拠能力基準が発展して
きた。基準は2種類に大別される。一つはアメリカ連邦最高裁判所が
示したドーバート基準であり、もう一つは、一部の州で用いられる
「関連科学界における一般的承認」を要件とするフライ基準である[11]。
それぞれの具体的な内容や運用は法域によってさまざまであるが、ど
ちらにおいても科学界での議論状況を参照する必要のある点が特徴的
である。ドーバート基準においては、①鑑定の理論や方法が検証可能
であり、また検証されたものか、②他の専門家によるピア・レビュー
を受けているか、③具体的方法についてのエラー率が示されているか、
その運用を規律する標準はあるか、そして④一般的承認の程度などを

---

9 William Oliver et al., Cognitive Bias in Medicolegal Death Investigation, 5(4) Acad.
　Forensic Pathol., p.548 (2015), p.559.

10 連邦証拠規則702条は、専門家証人は、「知識、技術、経験、訓練または教育によって専門
　家と認められる」必要があり、「(a) 事実認定者が証拠を理解しまたは争点となっている事
　実を判断するために、当該専門家の科学的、技術的またはその他の特別な知識が役立ち、(b)
　当該証言が、十分な事実またはデータに基づいており、(c) 当該証言が、信頼性のある原理
　および方法に基づいてなされ、かつ (d) 当該専門家が、その原理および方法を、当該事件
　の事実に確実に適用したとき」証言を行うことができると規定する。

11 Daubert v. Merrell Dow Pharmaceuticals, Inc., 509 U.S. 579, 592 (1993). Frye v. United
　States, 293 F. 1013 (D.C.Cir.1923).

考慮要素とし、科学的有効性が審査される。フライ基準も、一般的承認の有無を実質的に判断するには、検証の程度や、ピア・レビューを経た出版物等を考慮することになるから、理論上両者の基準に大きな差はない[12]。

　ドーバート基準をSBS事件に当てはめ、弁護側の鑑定がこの基準を満たさないと主張する論者もいる[13]。しかし、被告人側には、三徴候等の原因を積極的に証明する義務はなく、その鑑定は弾劾のために提出されるのであるから、厳格な証拠能力要件を適用すべき理由がない。アメリカにおける証拠能力をめぐる争点はなお、専門家が法廷において「三徴候が見られれば、第一の原因としてなお暴力的揺さぶりが想定される」という主張を行うことが許されるかどうかである。近時は、「揺さぶりが、三徴候を引き起こす」と主張することさえ制限する裁判例が登場している（**▶パート1のQ5**）。

　非専門家が鑑定を評価する場合、専門家の経歴・経験、説明の合理性、他の事実関係との整合性、説得力など、非専門家にとって理解しやすいことがらに注目しがちである。そのようにして信用性が認められた鑑定は、冤罪の原因にもなってきた。この点、ドーバート判決は、裁判に使用される科学的証拠も科学的観点から（すなわち科学的有効性の有無を）評価されるべきことを示したところに特徴がある。陪審制度であることだけがこのような証拠能力基準の理由ではない。科学は、後から修正可能であるのに対し、裁判所は終局的判断を求められるという性質の違いも考慮されている。刑事裁判においては、とくに被告人とその家族の人生がかかっている。有罪立証を目的とする鑑定の採用にはより慎重になるべきであり、鑑定人が何をどこまで主張可能かを公判前に審査する基準と手続を設ける必要がある。

---

12 ここに示したのは証拠能力基準であり、陪審が専門家証言をどう評価するか、評価したかとは別の話である。

13 酒井邦彦「子ども虐待防止を巡る司法の試練と挑戦 (1) (全3回)」研修850号 (2020年) 24頁以下。

4) 専門知識の公平な利用

　日本の刑事手続は当事者主義を基本としているのに、検察官と被告人が対等に専門知識を利用できる仕組みが整備されていない。上述のように、捜査機関が依頼をした嘱託鑑定人は、そのまま鑑定人（鑑定証人）として採用され、法廷で証言を行うことが許される。制度上、被告人側は、裁判所に対して裁判所の依頼に基づく鑑定を行うよう請求することができる。本来であれば、被告人の鑑定請求が採用され、正式鑑定が行われるはずである。しかし、運用上、被告人側はただ鑑定請求をするだけでは足りず、検察側の鑑定人がいるにもかかわらず、なお別の専門家が必要となる理由を具体的に示すよう求められる。鑑定や証人の採否は、裁判所の合理的裁量に任されており[14]、裁判所が自らの必要とする専門知識はすでに得たと考えた場合、さらなる鑑定を行う義務は生じないと解されているためである。しかし、非専門家である弁護人が鑑定の問題点をまず指摘するという構造においては、正式鑑定の必要性を裁判所に認識させることがそもそも難しい。

　被告人が専門家に依頼をする鑑定は、私的鑑定と呼ばれる。裁判所が正式鑑定請求を採用しない場合、被告人側が独自に私的鑑定を行い、その採用を裁判所に求めることになる（この場合も採否は裁判所の合理的裁量によるため、上記と同じ問題が生じる）。また現実には、弁護人が見込みで裁判所に鑑定請求を行うことはなく、予備的にでも専門家に相談を行い、意見を得ておくのが通常である。この点、捜査機関は、人的資源を使って専門家を探し出すことができ、鑑定費用の心配もないのに対し、被告人側には、専門家を探し出して依頼を行うための人的つながりや財源が保障されていない。国家機関と私人との間には大きな力の差があり、その差を埋めないことには、両当事者が対等な立場で争うことはできず、公正な裁判は確保されない。人的つながりに

---

14 最大判昭23年7月29日最高裁判所刑事判例集2巻9号1045頁。大阪高判平27年9月4日LEX/DB25541172。合理的裁量の範囲を逸脱したと判断される場合には、証拠調べ請求の却下は違法と判断される。大阪高判平26年4月30日LEX/DB25503830。

ついては、SBS検証プロジェクトの実践は、これまでになかった画期的な取組みといえる。SBS事件を担当する弁護人を支援するために必要な情報提供を行い専門家へつなぐという機能は、他領域の鑑定についても広がっていくことが望まれる。

　日本においては、資力のない被疑者・被告人に対して国選弁護が保障されるが、専門家の費用はカバーされていない。そこで独自に鑑定費用の助成制度を設ける弁護士会もあるが、まだ一部であり、民間組織が公的に支出すべき費用を肩代わりしている状況には変わりない[15]。アメリカでは、被告人が専門家の援助を受けることは憲法上の権利として保障されており、法廷での証言だけでなく、検察側の証拠を検討し防御の準備を行う段階の助言に対しても公費が支出される[16]。法律以外の知識が必要となる事件において、被告人の防御権を保障するには、弁護人だけでなく専門家の援助が不可欠である。弁護人依頼権の範囲はより実質的に広く解釈されるべきである。

　SBS事件において専門家の援助が不可欠であることは、本ブックレットで紹介された事例をみても明らかだろう[17]。専門家の援助がなければ、個別事案における検察側鑑定の問題点、SBS仮説の問題点を実質的に争うのは困難である。専門家間で意見が分かれ、関連する専門分野も多岐にわたる場合はとりわけ、検察側に有利な専門家に対し、被告人の側においても専門家がいなければ、裁判官・裁判員にとって適正な判断を行うために必要な情報が十分に提供されたとはいえない。鑑定費用の保障制度が早期に実現されるべきである。

----

15 日本弁護士連合会から法務大臣へ「当事者による鑑定費用に関する要望書」(2010年12月17日) が出されている。

16 Ake v. Oklahoma, 407 U.S. 68 (1985). 弁護費用は支払えても専門家への依頼料までは出せないという被告人も保障の対象となる。したがって、専門家の依頼料について公費保障を受ける対象者の範囲は、より広いということになる。

17 東京弁護士会からは「揺さぶられっ子症候群無罪判決を受け、私的鑑定費用を国費で負担する制度の実現を求める会長声明」(2020年3月31日) https://www.toben.or.jp/message/seimei/post-576.html も出されている。

(3) おわりに

　これまで鑑定制度の改革が行われなかったことの背景には、第一に、裁判官の証拠評価能力に対する信頼がある。加えて、鑑定は有罪判決を導く証拠の一つにすぎず、鑑定に誤りがあっても裁判官が他の証拠との総合評価を正しく行えば、冤罪は回避できるだろうという発想があるのではないかとも思われる。しかし、SBS事件の訴追においては、医学鑑定によって、傷害の有無、受傷の時期やその機序だけでなく、故意に行われたことまでをも証明できると主張され、医学鑑定が裁判の結論を左右する争点となる。さらに、関係者の供述がなく、他に客観的証拠もないことが多い。医学鑑定に対する評価の誤りは、直接冤罪に結びつく。SBS事件を通して、医学鑑定ひいては科学鑑定の取り扱いについて、改めて検討すべき課題が提示されている。

パート4 SBS/AHTと親子分離

1 はじめに──司法審査導入に向けて

こ が わら あき こ
古川原明子　龍谷大学教授

　SBS/AHTが疑われた場合の一時保護や施設入所については、パート1で述べました (▶**Q8、9**)。パート4では、そのような親子の分離についてさらに詳しく見てみましょう。

　まず、親子分離の手続を正確に理解する必要があります。そこで、**「2　司法審査と親子の権利」**では、児童虐待があったと児童相談所が疑った場合に、どのように一時保護や施設入所を進めるのかについて法律をもとに確認します。そして、そのような処分が親子のどのような権利に関係するのか、また、親子分離があっても奪われない権利とは何かを述べています。

　家庭から引き離されることによる子どもへの影響は甚大です。他方で親は、親子分離によって事実上親権が制限されます。親子分離は、このように重要な利益や権利に関わることから、法が定める適切な要件と手続にのっとって行われる必要があります。ところが、法律上も実務上もここには多くの課題があります。たとえば、子どもには、自己に関することについて自由に意見を表明する権利があります（これを「意見表明権」といいます）。一時保護や施設入所の際に、子ども達は「どうしたいのか」を気兼ねなく伝えることができているでしょうか。親は、子どもと面会をする権利を不当に制約されてはいないでしょうか。これらの点について、**「3　親子分離の実情と問題点」**では具体的な事案を紹介しながら、現在の一時保護における問題を明らかにしています。パート2の「当事者の思い」とあわせてお読みください。

　国連総会は、1989年に「児童の権利に関する条約」（通称は「子どもの権利条約」です）を採択しました。その第9条はこのように定めてい

ます (外務省のホームページで全文を読むことができます)。

> 児童の権利に関する条約第9条
>
> 　1項　締約国は、児童がその父母の意思に反してその父母から分離されないことを確保する。ただし、権限のある当局が司法の審査に従うことを条件として適用のある法律及び手続に従いその分離が児童の最善の利益のために必要であると決定する場合は、この限りでない。(略)
>
> 　2項　すべての関係当事者は、1の規定に基づくいかなる手続においても、その手続に参加しかつ自己の意見を述べる機会を有する。
>
> 　3項　締約国は、児童の最善の利益に反する場合を除くほか、父母の一方又は双方から分離されている児童が定期的に父母のいずれとも人的な関係及び直接の接触を維持する権利を尊重する。

　日本は子どもの権利条約を1994年に批准しました。しかし、現在の児童相談所による親子分離は、この9条の要請を満たしていないと考えられます。実際、条約に基づいて締約国での実施状況をチェックする児童の権利委員会は、日本の親子分離のあり方について何度も見直しを勧告しています (2019年の「児童の権利委員会・日本の第4回・第5回政府報告に関する総括所見」など)。これを受けて、2016年にようやく一時保護の延長時に家庭裁判所の審査を導入するよう、児童福祉法 (以下、このパート4では「児福法」といいます) が改正されました。そして、2022年の改正によって、一時保護の開始時に裁判所 (家庭裁判所以外の裁判所を含みます) が審査を行うことが決まりました。これまで児童相談所の判断のみで可能であった一時保護の開始について、いわゆる司法審査が導入されたわけです。

> 児童福祉法に新設される33条3項

> 児童相談所長又は都道府県知事は、（児童虐待のおそれ）による一時保護を行うときは、（親権者等の同意がある場合等）を除き、一時保護を開始した日から起算して七日以内に、第一項に規定する場合に該当し、かつ、一時保護の必要があると認められる資料を添えて、……地方裁判所、家庭裁判所又は簡易裁判所の裁判官に……一時保護状を請求しなければならない。

　しかし、これによって一時保護制度が適正化されるかは疑問です。改正法によれば、子どもの保護が必要であると児童相談所が判断し、親がそれに同意しない場合に、児童相談所の申立に基づいて裁判所が一時保護の可否を決定することになっています。この時に、子どもや親権者の意見が十分に聴取される機会は、法律上は保障されていません。また、裁判所の判断に対して不服申立ができるのは、児童相談所のみという偏った制度になっています。これらの問題が改正法案を議論するなかで指摘されたことから、改正法成立時には以下のような附帯決議がなされました。

> 　17、一時保護時の司法審査の運用や実務の詳細を施行までに定める作業チームには、一時保護が子どもの権利や親権の行使等に対する制限であることを踏まえて、現に一時保護を経験した子ども又は親権者等及びその意見を正確に反映できる実務者も構成員に加えること。
>
> 　18、（略）
>
> 　19、児童相談所が裁判官に一時保護状の請求をするに当たっては、子ども及び親権者等の意見が裁判官に正確に伝わるよう適切な方策を講ずること。
>
> 　20、裁判所が一時保護状を発した場合、行政不服審査や行政訴訟の提起が可能であること等を理由に子ども又は親権者等の不服申立て手続を設けなかったことに鑑み、児童の権利に関する条

約第九条第二項の趣旨を踏まえ、行政不服審査や行政訴訟の活用
実態を把握し、次期児童福祉法改正時に必要な見直しを検討する
こと。

　改正法の施行までに、この決議が求める諸点が具体化され、実現
されることが必要です。その検討の際には、誤った虐待判断による親
子分離を経験した家庭があること、そして、そのために親子にとって
かけがえのないものが失われたことを正しく認識しなければなりませ
ん。同様のことが起きないための制度設計が強く望まれます。

　SBS/AHTが疑われる場合は、現在の一時保護制度の問題が顕在化
する傾向があります。まず、引き離しをされる子どもは、多くの場合、
意見や希望を伝えられるような年齢、状態にありません。一部の児童
相談所からは、子どもがまだ幼いため、家庭からの引き離しは大きな
問題ではないという意見も聞かれます。しかし、これは逆なのです。
乳幼児期は、子どもが慈しまれ、愛情を受けながら人間関係を形成す
る重要な期間です。したがって、安心できる家庭から子どもを引き離
すという決定は、慎重に行われなければなりません。また、SBS/
AHTが疑われる事案では、医師の意見が重要視されることも問題です。
さらに、厚労省の『子ども虐待対応の手引き』が児童相談所の現場に
与えている影響も見過ごすことができません。SBS/AHT仮説に基づ
いて誤って虐待だと決めつけられた場合に、現行の制度においても、
司法審査導入後の制度においても、一時保護を免れることは極めて困
難です。SBS/AHT仮説の問題を踏まえて、まずは『手引き』の見直
しが不可欠です。

2 司法審査と親子の権利

山口亮子 <ruby>やまぐちりょうこ</ruby> 関西学院大学教授

(1) はじめに

　日本で、児童虐待・ネグレクト等から子どもを守る制度は、児童福祉法（児福法）及び児童虐待の防止に関する法律（児虐防止法）によって、行政が対応するよう定められています。したがって、子どもの保護や子どもの処遇決定などの判断は、基本的に都道府県知事や児童相談所長（以下、「児相長」といいます）、又は施設長などの行政に委ねられています。しかし、そのような場合、事実上親の子に対する監護教育権を一部制限することになるため、その適正性の確保や手続の透明性の確保から、子どもの保護の段階に応じて、司法判断を求めるよう改正されてきました。

(2) 児童虐待対応の流れ

　児童虐待を受けたと思われる子を発見した者には、福祉事務所や児童相談所（以下、「児相」といいます）へ通告することが、児虐防止法により求められています（6条）。厚生労働省は毎年、児童虐待が通告された件数、すなわち児相が対応した件数を発表しており、2021（令和3）年度には、延べ207,659件と報道されました。児相は、通告された事件を調査した後で、児童福祉司が親や子を通所させ、又は在宅にて指導・助言等の援助を行いますが、必要があれば子を一時保護できます。2019（令和元）年度の一時保護の延べ件数は30,264件でした。毎年約15％の割合で一時保護されています。一時保護とその後の手続は、次のようになります。

①一時保護

　児相が子どもを家庭から引き離して一時保護所等に一時保護する場合、これまでは、児相長が必要と認めるときにその判断で行うことが

できました。しかし、2022（令和4）年6月15日に成立した改正児福法（令和4年法律第66号）において、一時保護開始時に親の同意がない場合に、その開始の判断に司法審査が導入されました。これについての詳細は、以下の（3）で説明します。

②**一時保護の延長**

調査では、一時保護所での平均在所日数は全国で平均31.3日でしたが、法律では、子どもが親から引き離されて一時保護される期間は、原則2か月と定められており、それを超えて引き続き一時保護を行うときに親の同意がない場合は、家庭裁判所の承認が必要となります（改正児福法33条14項）。

③**施設入所等**

子どもが一時保護所等から自宅へ戻らずに、都道府県が施設入所等の必要があると判断するときに親の同意がない場合は、家庭裁判所の承認を得て、入所措置がとられることになります（児福法28条1項）。2019年度における施設入所等の延べ数は、5,029件でした。そして、その措置が2年を超えるとき親の同意がない場合は、その度ごとに家庭裁判所の承認を得なければなりません（同法28条2項）。

これら裁判所による司法審査は、親権者等の同意がない場合に限られていますので、全ての事件が裁判所で審査されるわけではありません。そのため児相は、親権者等の同意を得るように努めています。司法統計年報によると、2019年度における②の一時保護延長の申立件数は524件で81.5％が認められています。③の施設入所審判は申立件数434件で77.9％の認容率であり、2年更新審判は、申立件数112件で89.3％の認容率となっています。申立ての多くは認容されており、取下げや却下は少ないのが現状です。すなわち、児相の申立てがほとんど認容されているということが、問題として指摘できます。

（3）一時保護開始時の司法審査

子どもを一時保護する際の司法審査は、（2）で説明した②③の司法

審査と異なり、一時保護状発付を求める審査です。したがって、家庭裁判所による一時保護延長や施設等入所、入所延長に関するような実体審査ではなく、都道府県知事又は児相長が、地方裁判所、家庭裁判所又は簡易裁判所へ一時保護状の請求を行い、裁判官が、一時保護が裁量の逸脱濫用ではないことを審査するものです。この請求は一時保護後でも可能であり、一時保護開始日から7日以内とされました（改正児福法33条3項）。裁判所は、児童虐待のおそれがあり、一時保護の必要があることを要件として審査しますが、このとき、親権者等の聴聞の機会は設けられていません。親は一時保護に不服があれば、行政事件訴訟法及び行政不服審査法に基づき、取消訴訟や執行停止申立てに訴えることになりますが、時間がかかります。また、子どもに対しても、聴聞の機会は設けられておりません。他方で、裁判所により一時保護状請求が却下された場合には、児相長等は、一時保護を行わなければ子どもの生命又は心身に重大な危害が生じると見込まれると認められる資料を添えて、裁判の3日以内に裁判の取消しを請求することができると規定されています（同条7項）。

(4) 子どもの意見表明権

　虐待からの保護は、子どものために行われるものであるにもかかわらず、従来子どもは手続の外におかれ、意見も聞かれないという状態でした。しかし、日本が1994年に批准した子どもの権利条約12条は、子どもの意見表明権を謳っていますので、国内でも子どもの最善の利益を達成するために、子どもが意見を表明する機会が必要であることが叫ばれてきました。そこで2022年の改正児福法では、子どもの意見表明等を支援するための事業を制度に位置づけ、その体制整備に努めるという規定を設けました。具体的には、在宅指導、里親委託、施設入所等の措置、指定発達支援医療機関への委託、一時保護の決定等の前又は後において、子どもの年齢、発達の状況その他の子どもの事情に応じて意見聴取その他の措置を講じることとしました（児福法33

条の3の3）。これらの意見聴取は、裁判所や児相ではなく、子どもの福祉に関し知識又は経験を有する者（意見表明等支援員）が行い、児相、都道府県その他関係機関との連絡調整等を行います。

　これに関して、すでに岡山県において、子どもたちの意見を聞かれる権利を実現する取組みが、2018（平成30）年10月から導入されています。そこでは、児童ソーシャルワーカーや弁護士により子どもへの意見聴取が行われています。これによると、子どもたちから出された内容は、居室にカレンダーや時計が欲しい、シャンプーの種類を増やしてほしいといった日常生活に関わることから、監視カメラを止めてほしい、学校に行きたい、外出したいといった人間の尊厳に関わる意見が表明されました。また、児相側も、子どもが一時保護所に来ることになった経緯、一時保護所で過ごすことについての説明と同意、そして今後の見通しについて、子どもたちに説明する責任があります（詳細は、小野善郎＝薬師寺真編著『児童虐待対応と「子どもの意見表明権」──一時保護所での子どもの人権を保障する取り組み』〔明石書店、2019年〕）。このように児相は、大人中心から子ども中心の児童福祉システムへの転換を目指さなければなりません。

（5）児相長、施設長等による子の監護

　民法は、親には子どもを監護教育する権利と義務があり、子の利益のために親権を行うことを定めています（民法820条）。したがって法は、親が他人からも国家からも不必要に介入されず、自由に子どもを育てる権利と義務があることを保障していますので、子どもが一時保護されても、また子どもが施設入所しても、法律上親権が制限されるわけではありません。

　子どもが児相から一時保護される場合に、親がそれに同意していれば、子の監護は児相等に委託したものとみなされます。親が同意しない場合には、一時保護状を発付するための司法審査が行われますが、これは、当然に親権を制限するものではありません。しかし、民法上

の親権は制限されませんが、一時保護所及びその後の施設入所等の際には、子は親による監護を受けられませんので、児相長や施設長等が子の監護、教育を行うこととされており（児福法33条の2第2項、47条3項）、そして親は、そのような措置を不当に妨げてはならないとされています（同条3項、同条4項）。したがって、親には、子や職員等に対する実力行使や迷惑行為、子の社会生活や健康、成長、発達に悪影響を及ぼすなどの不当な行為は、法律上禁止されています。

　また、虐待等をした親が、一時保護中又は里親委託や施設入所中の子どもに対して不当な面会や通信を求めてきたときは、裁判所の審査にはよらず、児相長や施設長がその判断により、行政処分として面会・通信の全部又は一部を制限することができ（児虐防止法12条1項）、子の保護のために必要があるときは、親に対し子どもへの付きまとい等の接近禁止を命じることが定められています（同法12条の4）。

　子どもに対する決定に関しては、法的に問題となるところです。日常的な子の衣食住の世話や判断、学校との連絡、及び風邪等の処置などは、監護の範囲に属しますので、児相長や施設長が親に代わってすることになります。また、医療等の緊急の場合は、親権者の意に反して児相長、施設長等が措置できるとされています（児福法33条の2第4項、47条5項）。しかし、子どもの進学や就職等の許可、携帯電話等の契約に関する子どもの法律行為の同意、及び意思能力のない子どもの重大な医療行為に対する同意等は、本来親権に属するものですので、親権者の同意が必要と考えられます。

(6) 親権停止、親権喪失

　子どもが施設等に入所するときに、必ずしも親権停止や親権喪失の申立てが行われることはありませんが、親が子の生命を危険にさらすような行為、暴力行為により子の引取りを求めるような、子に悪影響を及ぼす不当な行為をする場合には、児相長がこれらの申立てを行うことがあります。家庭裁判所において、親権停止又は親権喪失の審判

がされた場合は、包括的な親権が停止しますので、子どもに対する重要な法的決定は、親に代わって親権を行う児相長や施設長等が行うことになります（児福法33条の2第1項、47条1項）。これまでの公表裁判例では、重大な身体的虐待や性的虐待がある事例、子どもの利益のために必要な手術や医的処置に同意しない医療ネグレクトのある事例、子どもの学校に勝手に退学届けを出したり子どものアルバイトの給料を勝手に受け取ったり子どもの医的処置を拒否したりした事例において、親権停止又は親権喪失が認められました。2021年の児相長による親権停止申立ては118件で認容率73％、親権喪失の申立ては16件で認容率100％でした。

　親権停止や親権喪失の審判によって、親でなくなるわけではありませんが、親権についてのすべての権利が停止しますので、親権停止の場合は、親権者による親権の行使が困難又は不適当であることにより子の利益を害するという要件、親権喪失の場合は、親権者による虐待又は悪意の遺棄があり、その他親権の行使が著しく困難又は不適当であることにより子の利益を著しく害するという要件が、家庭裁判所において厳格に審査されます。これらの平均審理期間は140日程であり、親権を包括的に停止させるためには、十分な時間をかけた適正な手続が必要とされるのです。ただし、親権停止はその期間が2年間と決められており、その後親権は回復します。また親権喪失後も親権喪失の審判の原因が消滅したときは、本人又はその親族の請求によって、家庭裁判所はそれらの審判を取り消すことができ、親権を回復させることができます。

（7）面会交流と親子再統合

　子どもが一時保護された後、又は施設入所等した後、児相長及び施設長は、保護者が指導に応じない場合は行政処分として（児虐防止法12条1項）、又は児童相談所が行政指導として（児福法11条1項2号ニ）面会制限を行うことができます。しかし、親は基本的に子どもとの面

会交流権を持っていますので、可能な限り面会交流を行うことができるはずです。それは、親子が再統合するためにも重要なものです。たとえ親権停止、親権喪失されても、親子の法的関係がなくなるわけではありませんので、これは、親の固有の権利として持つ重要な権利です。

　近年、児相長が一時保護中に子と親との面会を制限したことに対して、親が国家賠償を請求する事件が起きています。子どもの権利条約９条が、子どもは父母の意思に反して引き離されないこと、および父母から引き離されている子どもは定期的に父母のいずれとも人的な関係及び直接の接触を維持する権利があることを謳っていることに鑑みても、親子の面会は基本的に保障されなくてはなりません。

3 親子分離の実情と問題点

み むらまさかず
三村雅一 大阪弁護士会

(1) はじめに

　子どもに対する重大な虐待行為が疑われた場合に、刑事事件と並行して若しくは刑事事件に先立って問題となるのが、児童福祉法に基づく親子分離の手続です。

　筆者は、「SBSが疑われた場合の児童相談所・家庭裁判所の対応」（季刊刑事弁護第94号〔2018年〕）で、SBSが疑われたケースにおいて児童相談所（以下「児相」といいます。）による親子分離、児童福祉法第28条第1項の施設入所の承認申立て（以下「28条申立て」といいます。）の流れ、虐待を疑われた場合に、対児相で求められる弁護活動等について紹介しました。その後も、児相による誤認保護が強く疑われる親子分離のケースは生じているものの、SBSのケースにおける数多くの無罪判決の獲得は、児童福祉の分野においても大きな影響を与えています。現に、筆者が親側で争った28条申立てでも、裁判所が児相の主張を鵜呑みにせず、その申立てを認めないという判断が相次ぎました。特に、兵庫県明石市のケースでは、誤認保護について市長が謝罪し、再発防止のための第三者委員会を設置するなど、社会にも児相による誤認保護の問題が広く知れ渡ることとなりました。

　このように、親子分離については、児相の運用には相変わらず大きな問題があるものの、裁判所の判断においては改善が認められているというのが実情です。今回は、「親子分離の実情と問題点」として、筆者が担当した2つのケースを紹介しながら、その実情と具体的な問題点を明らかにします。

(2) ケース紹介

　ここで紹介する2つのケースはSBSのケースではありませんが、い

ずれも「受傷」という結果と児相側医師の鑑定書以外に虐待を疑わせる事情がないにもかかわらず、誤認保護が長期にわたって継続されたケースであり、SBSによる親子分離と同様の構造です。

【ケース1】

　2018年8月9日、母親が本件児童を抱き上げた際にバランスを崩し、本件児童と共にベビーベッドに倒れかかる態様での受傷（右上腕部のらせん骨折）。受傷時、本件児童は生後50日。当日は骨折に気付かず、翌日、少し腫れている様子であったため、応急診療所を受診。医師からも、虫刺されでは？　との言葉があったが、念のためにレントゲン撮影をしたところ骨折が発覚。8月17日、児相との話し合いの最中に、別室で待機していた本件児童が一時保護された。10月11日に児相が家庭裁判所（以下、「家裁」といいます。）に28条申立て。期日では、裁判官から、審判を求める以外の和解的な解決の余地の打診があったが、児相側代理人は、受傷機転不明のままでは和解的な解決は困難である旨回答。なお、受傷については、本件児童を実際に診察した主治医、専門医から母親の主張する機序によっても生じ得るとの意見があった。4月11日、調査官が乳児院を訪問。本件児童と父母の面会の様子の確認等を行った上で、本件においては助言指導によって受傷可能性の軽減が見込まれる場合は施設入所以外の措置が講じられるべきとの報告書提出。8月9日に家裁が28条申立て却下の審判。8月27日に児相が高等裁判所（以下、「高裁」といいます。）に即時抗告の申立て。11月15日に高裁が抗告棄却の決定。11月18日に児相が一時保護を解除。

【ケース2】

　2019年12月26日深夜、当時2歳7か月の本件児童が両親と就寝中、母親の髪の毛が首に巻き付いた結果、首に細い線状のあざが生じた（ヘアターニケット症候群）。翌朝、母親が本件児童の様子を確認し異常が認められなかったため、こども園に対し受傷の事実及び経緯につ

いて伝えた上で登園。同日、児相が一時保護。2020年1月20日に児相が医師の検査結果報告書受理、同月28日、両親に対し、受傷原因が判然としない以上、施設入所方針である旨を説明。3月5日、法医学の教授から、母親の主張する機序で本件受傷が発生し得る旨の鑑定書提出。3月21日に児相が28条審判申立て。3月25日、両親が一時保護延長決定に対して抗告申立て。4月23日、大阪高裁は抗告を却下（28条申立てがされているため）したものの、引き続いての一時保護の必要性を否定。5月8日、両親が本件児童と初めての面会。5月22日、第1回期日において、裁判所からは、「受傷結果」以外の虐待を疑わせる事情がないのであれば早く帰すべきではないかとの指摘。その後、裁判所からは、両親に対し、28条申立てについては却下の方針だが、その場合、児相は即時抗告を行い、高裁での審理が終わるまでには相当の時間がかかり、結局、自宅引き取りが遅くなってしまう。そのため、裁判所から児相に対し、高裁での決定が出るよりも早く自宅に戻れる案を示すよう話をする旨伝えられた。その結果、8月末に本件児童を祖父母宅に、年内に自宅に戻すという内容で合意。7月14日、児相が28条審判申立てを取り下げ。

（3）問題点の検討

1）一時保護制度について

　これまでの一時保護制度は、児相所長の判断だけで強制的に子どもを親から原則2か月間引き離すことができる制度でした。また、一時保護の運用においては、子どもを危険の発生源から隔離し、安全を確保する、という点のみに主眼を置き、子どもの権利侵害を含む一時保護に伴う不利益の考慮、客観性の担保といった視点が欠落しています。さらに、一時保護中の面会については、児相所長等の広汎な裁量権に委ねられており、施設入所に同意しない限り面会を認めないという運用すら行われているのが現状です。

　このような一時保護制度の運用は、子どもの権利条約の基本理念と

大きく乖離しています。すなわち、子どもは親と分離されないのが原則であり、例外的に司法の審査を経た場合に分離される（9条1項）、子は、その最善の利益に反する場合を除き、親に定期的に面会できるのが原則である（同条3項）にもかかわらず、現状、この原則と例外の逆転という問題が生じています。

2) 親子分離に対する児相の基本的なスタンスについて

　長期にわたる誤認保護の問題の最大の原因は、児相の見立てに誤りなどあり得ないという偏った考え方に依拠し、一時保護開始後も、虐待がなかったことを裏付ける事実や証拠について取り合おうとすらせず、当初の見立てに固執し続ける児相の基本的なスタンスにあります。さらに、両ケースにおいて、その見立ては、児相側の医師の所見を鵜呑みにしたものであり、児相が専門的見地から総合的に判断したという形跡は全く認められませんでした。加えて、【ケース1】においては、「調査官の指摘は、どのような知見に基づくものなのか不明である。担当調査官の個人的な見解の域を出ないものと思料され……る。」）、「児童相談所長の判断が不合理であるとは言えない限りは、司法機関としてはその判断を尊重するべきである」と述べるなど、児相が、裁判所を軽視する姿勢すら確認されました。

3) 医師鑑定について

① はじめに

　原因の特定が困難な重い受傷結果が発生した場合、児相は、受傷結果＋医師の鑑定書で虐待の存在を決めつけているのが現状です。したがって、医師鑑定は児相による親子分離を決定づける極めて重要な要素となっています。そうであるにもかかわらず、児相における、医師の選定、医師に求める意見の内容、医師鑑定の位置づけには大きな問題が認められます。

② 医師の選定

医師の選定に際しては、常に専門性と中立性とを備えた医師かを見極めるよう努めなければならず、特定の医師に依存することには危険性もあります。この点、児相には、特定の医師に依存している傾向が認められるという問題があります。

③ 医師に求める意見の内容

医師に求められる判断は、「虐待の有無」ではなく、「当該傷害結果の発生機序に関する医学の専門的知見からの分析」です。虐待の有無については、当該医師の意見を含めて福祉の専門家である児相が総合的に判断すべき事項であり、医師の診断は、児相が虐待の有無を判断するための要素のひとつであることが強く意識されなければなりません。しかし、【ケース1】においては、児相側のアドバイザー医師による鑑定書に、「100％虐待」との意見が記載されているなど、本来の役割からの明らかな逸脱が認められました。

④ 医師鑑定への過度の依存

虐待の有無については、児相が総合的に判断すべきであり、医師の意見に過度に依存すべきではありません。ところが、両ケースとも、児相は、児相の選定する特定の医師の診断に過度に依存し、虐待がなかったことを裏付ける資料や事情について、これを含めた総合判断を行った形跡は認められませんでした。

4）面会制限について

① 親子分離期間中の面会の実態とその影響

親子分離期間中の面会については、児相所長等の広汎な裁量権に委ねられ、原則と例外が逆転しているのが現状です。

【ケース1】では、一時保護後、家族と、月に1〜1.5回のごく限られた面会しか認められてこなかった結果、子どもは家族よりも、乳児院職員に対してより強い愛着や親和を示すようになり、家族との面会が始まっても、泣きながら乳児院職員を追いかけるという辛い事態が生じました。

【ケース2】では、約5か月ぶりの面会で、子どもは、両親に甘えたり、わがままを言うことがなくなり、家族の写真を見ても自分以外の家族に対して反応を示さなくなりました。

②面会に関する児相のスタンス

両ケースともにおいて、面会制限についての法的根拠や合理的説明は一切ありませんでした。

【ケース1】において、調査官からは、「乳幼児期における心の発達には、特定の看護者との強固で安定した愛着関係の形成が重要である」「施設生活が長じれば長じるほど、家族関係の再統合や円滑な家庭復帰がますます困難になることが危惧される」との意見が出されましたが、児相は、調査官からの意見に全く耳を貸そうとしませんでした。

【ケース2】において、約5か月間も面会が行われなかった理由について、児相職員からは、「本人が会いたいと言わなかった。」との言葉がありました。また、裁判官から、「わずか3歳の子が5ヶ月間も両親と会えず一時保護から5ヶ月経って一度の面会しか行われていないことに問題はないのか？」との質問に対する児相側代理人弁護士からの回答は、「経験上問題ない」というものでした。

5) 再統合に向けたプロセスについての方針

①児相は、親子の再統合に向けたプロセスとして、保護者への指導をそのプログラムに組み込んでいます。この点、同指導は子どもの安全を守るために必要な指導である以上、施設入所の判断にかかわらず、一刻も早く開始されて然るべきです。また、指導の開始が遅くなるほど、家庭引き取りの時期も遅くなるという事態が生じるという問題点があります。

②代理人からは児相に対し、両親への指導を一刻も早く始めて頂きたい旨繰り返し依頼しましたが、いずれのケースにおいても一切指導は行われませんでした。【ケース1】において、児相は、親権者らが身

体的虐待の事実を認めていない以上、指導を実施する段階に至っていないと主張し、【ケース2】においても、再統合に向けた動きは一切とられませんでした。

③このように、児相は、施設入所が必ず認められるとの前提で、再統合に向けたプロセスは、施設入所後から開始するとのスタンスに固執しています。

しかし、【ケース1】では、1年3か月もの間、再統合に向けたプロセスを怠った状況で家庭復帰となったため、家庭復帰後も子どもと家族との愛着形成には大きな支障をきたすという問題も生じたところ、児相においては、施設入所が認められない可能性があることを前提として、再統合に向けたプロセスを検討しなければならないことは言うまでもありません。

(4) 結論

親子分離の問題について、「子どもの安全確保を優先する」という児童福祉における基本的指針に異論はありません。しかし、親子分離や面会制限という措置は、それ自体が子と親が持つ人権に対する大きな制約となるということについて、児相は強く認識しなければなりません。一刻も早く、親子は原則として分離されない、親から分離された子どもであっても原則として親とは自由に面会できるという子どもの権利条約に定められた当たり前の運用に改められることを願います。

参考資料一覧

■ **SBS検証プロジェクトのホームページ**

http://shakenbaby-review.com/index.html
SBU報告書、AHT共同声明の翻訳は、同プロジェクトホームページの「翻訳資料等」からお読みいただけます。

■ **SBS検証プロジェクトのブログ「SBSを考える」**

http://shakenbaby-review.com/wp/
本ブックレットのパート2を含めたえん罪事件の解説、海外の裁判や議論、SBS/AHT仮説・AHT共同声明・厚労省『子ども虐待対応の手引き』の問題など多くの記事が揃っています。

■ **SBS/AHTを考える家族の会**

https://aosavoj.com
SBS/AHT仮説により虐待を疑われた家族等が立ち上げた会です。本ブックレットのパート2「菅家事件」の菅家英昭さんが代表です。

■ **厚生労働省『子ども虐待対応の手引き』(平成25年8月改正版)**

https://www.mhlw.go.jp/seisakunitsuite/bunya/kodomo/kodomo_kosodate/dv/dl/120502_11.pdf

■ **ブックレット、書籍**

西本博・藤原一枝『赤ちゃんが頭を打った、どうしよう!?』(岩崎書店、2018年)
柳原三佳『私は虐待していない [検証]揺さぶられっ子症候群』(講談社、2019年)
藤原一枝・西本博・桜井圭太・清澤源弘『赤ちゃんを転ばせないで!!中村I型を知る』(岩崎書店、2021年)

■ **論文(医学)**

中村紀夫ほか「小児の頭部外傷と頭蓋内血腫の特徴」脳と神経17号(1965年)785頁
Guthkelch, Infantile Subdural Haematoma and its Relationship to Whiplash Injuries, 2 British Medical Journal 430, 1971
Guthkelch, Problems of Infant Retino-Dural Hemorrhage with Minimal External Injury, 12 Hous. J. Health L. & Policy 201, 2012
Waney Squier, Shaken Baby Syndrome, in: Wendy Koen eds., Forensic Science Reform: Protecting the Innocent, Academic Press 2017.
青木信彦「乳幼児急性硬膜下血腫は虐待によるのか軽微な頭部外傷によるのか?」小児の脳神経 36巻3号(2011年)326頁

■ **論文(法律)**
▪ 特集

特集「乳幼児揺さぶられ症候群(SBS)事件を争う弁護活動」季刊刑事弁護94号(2018年)
特集「乳幼児揺さぶられ症候群(SBS)事件の現在地」季刊刑事弁護103号(2021年)
特集「乳幼児揺さぶられ症候群(SBS)」医療判例解説86号(2020年)
特集「揺さぶられっ子症候群をめぐる裁判例の動向」刑事法ジャーナル70号(2021年)

▪ その他

笹倉香奈「乳幼児揺さぶられ症候群とスウェーデンの動き」龍谷法学50巻3号（2018年）655頁

笹倉香奈・秋田真志翻訳「スウェーデン最高裁判所判決」龍谷法学50巻3号（2018年）660頁

「国際シンポジウム『揺さぶられる司法科学：揺さぶられっ子症候群仮説の信頼性を問う』(1)～(3)」
　　龍谷法学51巻1号（2018年）531頁、同3号（2018年）577頁、同4号（2019年）581頁

笹倉香奈「乳幼児揺さぶられ症候群（SBS）事件と冤罪－大阪高裁2019年（令和元年）10月25日判決を
　　素材に―」、我妻路人＝辻亮＝秋田真志「[資料]弁護団から見たSBS冤罪・山内事件―大阪高判
　　2019年（令和元年）10月25日の分析―」甲南法学60巻1-4号（2020年）2頁

秋田真志「乳児揺さぶられ症候群（SBS）－仮説と冤罪事件－2つの逆転無罪判決から学ぶべきこと」冤
　　罪白書2020（燦燈出版、2020年）92頁

秋田真志「傷害（SBS）被告事件 最高裁で無罪確定！：SBS 高裁逆転無罪判決に対する検察官上告が棄
　　却[最三決令3・6・30]」季刊刑事弁護108号（2021年）175頁

成瀬剛「虐待による頭部外傷（AHT）事件の現状と課題－正確な事実認定を目指して」研修876号（2021
　　年）3頁

川上博之「傷害（SBS）被告事件 多層・多発性眼底出血を根拠とする揺さぶり行為を否定し無罪となっ
　　た事例[大阪地判令2・12・4]」季刊刑事弁護108号（2021年）170頁

秋田真志・村井宏彰・笹倉香奈「最新刑事判例を読む（第14回）SBS/AHT事案で相次ぐ無罪判決」季刊刑
　　事弁護111号（2022年）110頁

笹倉香奈「SBS/AHTと刑事裁判」犯罪と刑罰31号（2022年）157頁

秋田真志「SBS/AHT仮説をめぐる日本と海外の議論状況」判例時報2532号（2022年）89頁

神谷慎一「公判前整理手続終了後の検察官による証拠調べ請求却下[名古屋高判2021（令3）・9・28]」季
　　刊刑事弁護112号（2022年）123頁

■ メディア

「ザ・ドキュメント ふたつの正義 検証・揺さぶられっ子症候群」（関西テレビ、2018年）

「ザ・ドキュメント 裁かれる正義 検証・揺さぶられっ子症候群」（同、2019年）

前者は日本民間放送連盟賞のテレビ報道部門優秀賞およびFNSドキュメンタリー大賞特別賞を受賞。
後者は本ブックレットのパート2「山内事件」を丁寧に追ったドキュメントで、坂田記念ジャーナリズ
ム賞、日本医学ジャーナリスト協会賞優秀賞および地方の時代映像祭選奨を受賞。2020年放送のリ
メイク版は文化庁芸術祭テレビ・ドキュメンタリー部門優秀賞を受賞しています。また、関西テレビ
の一連のSBS報道は、日本民間放送連盟賞「放送と公共性」最優秀、ギャラクシー賞報道活動部門選
奨も受賞しています。

■ その他

龍谷大学犯罪学研究センター科学鑑定ユニット対談

「SBS検証プロジェクト 共同代表者インタビュー」、「報道記者インタビュー：報道記者の目に映る揺
さぶられっこ症候群問題とは」、「揺さぶられっこ症候群問題に巻き込まれた冤罪被害者の声」の3本
があります。

https://www.ryukoku.ac.jp/nc/news/entry-3612.html

https://www.ryukoku.ac.jp/nc/news/entry-4044.html

https://www.ryukoku.ac.jp/nc/news/entry-6614.html

SBS 検証プロジェクトの歩み

	SBS/AHTに関する動き	SBS検証プロジェクトの動き
1960年代	中村I型急性硬膜下血腫（中村I型）の提唱	
1962年	ケンプが「被虐待児症候群（Battered Child Syndrome）」を提唱。親から虐待を受けた子どもの特徴のひとつに硬膜下血腫の存在を挙げ、以降、全米で児童虐待対応の強化が進む	
1971年	ガスケルチによる論文の公表	
1972年、1974年	カフィによる「むち打ち揺さぶられ症候群」の提唱	
1980-90年代	SBSの「三徴候」が英米の虐待医における定説に	
1990年代初頭	日本にSBS仮説が「輸入」	
1997年	ボストン乳母事件で初めてSBSの科学性が争点に	
2001年	全米SBSセンター設立	
2000年代	SBS/AHTへの批判が強まる	
2005年ころ	イギリスにおける法務長官の検証、ロレイン・ハリス事件無罪判決	
2008年	グージ報告書（カナダ）	
2009年	アメリカ小児科学会（AAP）が揺さぶりという機序を内包する「乳幼児揺さぶられ症候群（SBS）」という名称を「虐待による頭部外傷（AHT）」に変更	
2013年	厚労省『子ども虐待対応の手引き』最新版を通知	
2014年	スウェーデン最高裁の無罪判決。「一般論としては、暴力的なゆさぶりの診断についての科学的な証拠は不確実なものであると判明した」と結論付ける	
2016年	スウェーデン社会保険庁のもとにある医療技術評価協議会（SBU）が「外傷性の揺さぶりが疑われる事案の医学的調査における三徴候の役割：系統的調査の報告書」を公表。これまで執筆されたSBS理論に関する論文に十分な科学的エビデンスのあるものはなかったと結論付ける	

	SBS/AHTに関する動き	SBS検証プロジェクトの動き
2017年		1月　SBS事件(河村事件)を担当中の秋田真志が、笹倉香奈に諸外国におけるSBSをめぐる議論について問い合わせ、SBS/AHT問題に対する検証を開始 4月　SBSに関する第一回の勉強会を開催 8月　第1回スウェーデン調査。SBUなどを訪問し、インゲマール・ティブリン医師、ニルス・リノエ医師、アンダース・エリクソン医師、ウーラン・オグバーグ医師、ウルフ・オグバーグ医師、SBS/AHTえん罪被害者の支援をするRVFFRのメンバーらと面会 10月　スウェーデン調査の報告会を実施 山内事件一審判決(有罪・懲役5年6月)
2018年	SBS/AHTの支持者らが、AHT共同声明を公表。日本小児科学会も参加。「AHTは科学的に争いのない医学的診断である。それは全世界で広く認められており、それに基づく診断が行われている。AHTの診断がなされると、事故や疾病によって乳幼児の損傷の原因が説明できないということを意味する。AHTの診断は医学的な結論であって、行為者の故意を法的に判断するものではない」と主張	2月　国際シンポジウムを龍谷大学(京都)、日弁連(東京)などで開催。イギリスからウェイニー・スクワイア医師、ウィスコンシン・イノセンス・プロジェクトからキース・フィンドレイ弁護士とケイト・ジャドソン弁護士を招聘 3月　河村事件、大阪地裁で有罪判決(懲役3年執行猶予5年) K事件、大阪地裁で無罪判決(検察官控訴) 4月　季刊刑事弁護94号でSBSに関する特集を掲載 「SBS/AHTを考える家族の会」立ち上げ 8月　第2回スウェーデン調査。スウェーデンでSBUのニルス・リノエ医師、アンダース・エリクソン医師、ウーラン・オグバーグ医師、ウルフ・オグバーグ医師、ペーター・アスペリン医師、SBS/AHTえん罪被害者の支援をするRVFFRのメンバーらと面会。その後ノルウェーでクヌート・ヴェスター医師ら、イギリスでウェイニー・スクワイア医師やフランスでSBS冤罪問題に取り組むシリル・ロッサン氏らに会う 11月　P事件、大阪地裁で無罪判決(検察官控訴)
2019年		1月　Q事件、大阪地裁で無罪判決(確定) 2月　国際シンポジウムを大阪弁護士会、朝日大学(岐阜)、日弁連(東京)で開催。イギリスからウェイニー・スクワイア医師、スウェーデンからアンダース・エリクソン医師を招聘 3月　多領域の医師らと小児頭部損傷研究会を設立 10月　山内事件、大阪高裁で逆転無罪判決(確定)
2020年	日本小児科学会が「虐待による乳幼児頭部外傷に対する日本小児科学会の見解」を公表。「このAHTの疾患概念は長年の真摯な研究の成果により確立され、世界の医学界でその共通認識が形成されている」と主張	1月　K事件、大阪高裁で無罪維持(確定) 2月　河村事件、大阪高裁で逆転無罪判決(検察官上告) 小田事件、東京地裁で無罪判決(検察官控訴) シンポジウムを日弁連で開催 3月　P事件、大阪高裁で無罪維持(確定) 7月　季刊刑事弁護でSBSに関する特集第二弾を掲載 9月　永岡事件、岐阜地裁で無罪判決(検察官控訴) 12月　市谷事件、大阪地裁で無罪判決(確定)
2021年		5月　小田事件、東京高裁で無罪維持(確定) 6月　河村事件、最高裁で無罪維持(確定) 9月　永岡事件、名古屋高裁で無罪維持(確定)
2022年		5月　R事件、新潟地裁で無罪判決(確定)

あとがき

　まったくの無実であるにもかかわらず、かわいがっていた赤ちゃんを虐待したと疑われて、刑事訴追されて有罪判決を言い渡される事件が相次いでいるのではないか。そもそもこの背景にあるSBS/AHT仮説には科学的にみたときに問題があるのではないか。

　このような問題意識をもってSBS検証プロジェクトが活動を始めてから、5年が経過しました。

　2018年以降にはプロジェクトに関わった9事件について無罪判決が確定しました。日本の有罪率が99%をはるかに超えていること（2021年の司法統計によれば、地裁での有罪判決は全国で4万5138件に対し、無罪判決はわずか88件です。単純計算で有罪率は99.8%となります）を考えたとき、この事態は異常です。誤って赤ちゃんを虐待したとされた事案が、これまでに有罪判決を言い渡されていたほかの事件にも含まれているのではないかという重大な懸念があります。一刻も早く、過去の有罪事例に関する検証が行われるべきです。

　この間、SBS/AHT仮説の問題点については、ある程度の問題提起がなされてきましたが、無罪判決が続いた後も、これまでのSBS/AHT事件の有罪判決を見直したり、SBS/AHT仮説そのものを本格的に見直したりする動きは、法務省や厚生労働省、各学会からも出てきていません。それどころか、三徴候とは別の特定の症状が「虐待によるものであるといえる」と主張する新たな議論が出現し、訴追される養育者がいます。SBS/AHTを「検証」する活動は、残念ながらこれからも続きます。

　本ブックレットでは、SBS/AHT仮説の根本にある問題点やSBS/AHTえん罪被害の実態をお伝えし、さらに児童虐待行政の現状や課

題を明らかにしてきました。幅広い方に本ブックレットを読んでいただき、SBS/AHT 仮説のゼロ・ベースでの本格的な見直しが一刻も早く日本で進むことを祈念します。

　本ブックレットには SBS 検証プロジェクトのメンバーだけではなく、家族法の問題について第一線で研究されている山口亮子先生にご寄稿いただきました。「SBS/AHT を考える家族の会」の当事者の皆様には、えん罪被害のリアルな実態や、思い出すのも辛い経験について語っていただきました。ご寄稿くださった皆様に、心より御礼申し上げます。

　SBS/AHT の問題について 1970 年代から当事者に寄り添って臨床にあたり、データに基づいた研究を最前線でされてきた青木信彦先生は、日頃から SBS 検証プロジェクトの活動をご指導下さり、本ブックレットにも温かい推薦のことばを寄せて下さいました。心より御礼申し上げます。

　最後に、本ブックレットの出版をお引き受け下さり、企画から構成までご助言くださった上で編集作業を一手に担って下さった現代人文社の成澤壽信社長、本当にありがとうございました。

　本ブックレットが日本における SBS/AHT に関する議論をさらに科学的に前進させる一助となることを願います。

2023 年 3 月　編者一同

　本ブックレットの公刊にあたっては、龍谷大学犯罪学研究センターから助成を受けました。

　また、本研究は JSPS 科研費 JP20K01359 の助成を受けたものです。

編著者プロフィール

秋田真志（あきた・まさし）　弁護士（大阪弁護士会）、SBS検証プロジェクト共同代表

古川原明子（こがわら・あきこ）　龍谷大学教授、SBS検証プロジェクト、龍谷大学犯罪学研究センター

笹倉香奈（ささくら・かな）　甲南大学教授、SBS検証プロジェクト共同代表

GENJINブックレット72

赤ちゃんの虐待えん罪
SBS（揺さぶられっ子症候群）とAHT（虐待による頭部外傷）を検証する！

2023年3月31日　第1版第1刷発行

編著者	秋田真志・古川原明子・笹倉香奈
発行人	成澤壽信
発行所	株式会社現代人文社

　　　　〒160-0004　東京都新宿区四谷2-10　八ッ橋ビル7階
　　　　振替　00130-3-52366
　　　　電話　03-5379-0307（代表）
　　　　FAX　03-5379-5388
　　　　E-Mail　henshu@genjin.jp（代表）／ hanbai@genjin.jp（販売）
　　　　Web　http://www.genjin.jp

発売所	株式会社大学図書
印刷所	株式会社ミツワ
表　紙	Malpu Design（高橋奈々）
本文デザイン	Malpu Design（佐野佳子）